O pensamento
neoconservador
em política externa
nos Estados Unidos

FUNDAÇÃO EDITORA DA UNESP

Presidente do Conselho Curador
Herman Jacobus Cornelis Voorwald

Diretor-Presidente
José Castilho Marques Neto

Editor-Executivo
Jézio Hernani Bomfim Gutierre

Assessor Editorial
Antonio Celso Ferreira

Conselho Editorial Acadêmico
Alberto Tsuyoshi Ikeda
Célia Aparecida Ferreira Tolentino
Eda Maria Góes
Elisabeth Criscuolo Urbinati
Ildeberto Muniz de Almeida
Luiz Gonzaga Marchezan
Nilson Ghirardello
Paulo César Corrêa Borges
Sérgio Vicente Motta
Vicente Pleitez

Editores-Assistentes
Anderson Nobara
Arlete Zebber
Ligia Cosmo Cantarelli

PROGRAMA SAN TIAGO DANTAS DE PÓS-GRADUAÇÃO
EM RELAÇÕES INTERNACIONAIS

Universidade Estadual Paulista – UNESP
Universidade Estadual de Campinas – UNICAMP
Pontifícia Universidade Católica de São Paulo – PUC-SP

CARLOS GUSTAVO POGGIO TEIXEIRA

O pensamento neoconservador em política externa nos Estados Unidos

© 2010 Editora UNESP

Direitos de publicação reservados à:
Fundação Editora da UNESP (FEU)
Praça da Sé, 108
01001-900 – São Paulo – SP
Tel.: (0xx11) 3242-7171
Fax: (0xx11) 3242-7172
www.editoraunesp.com.br
www.livrariaunesp.com.br
feu@editora.unesp.br

Programa San Tiago Dantas de Pós-Graduação em Relações Internacionais
Praça da Sé, 108 – 3º andar
01001-900 – São Paulo – SP
Tel.: (0xx11) 3101-0027
www.unesp.br/santiagodantassp
www.pucsp.br/santiagodantassp
www.ifch.br/unicamp.br/pos
relinter@reitoria.unesp.br

CIP – Brasil. Catalogação na fonte
Sindicato Nacional dos Editores de Livros, RJ

P81p
    Teixeira, Carlos Gustavo Poggio
    O pensamento neoconservador em política externa nos Estados Unidos/Carlos Gustavo Poggio, Teixeira. – São Paulo: Editora UNESP: Programa Interinstitucional San Tiago Dantas, 2010.
    110p.
    Inclui bibliografia
    ISBN 978-85-393-0035-8
    1. Estados Unidos – Relações exteriores. 2. Conservantismo. 3. Política internacional. I. Programa de Pós-Graduação em Relações Internacionais San Tiago Dantas. II. Título.
    10-2012.   CDD: 327.73
                          CDU: 327(73)

Beneficiário de auxílio financeiro da Fapesp – Brasil

Editora afiliada:

À minha mãe.

Notai, vós, homens orgulhosos da ação, não sois senão os instrumentos inconscientes dos homens de pensamento, que na quietude humilde traçaram frequentemente vossos planos de ação mais definidos.

HEINES, Heinrich (1834) apud BERLIN, Isaiah (2005).

Sumário

INTRODUÇÃO   11

1   HISTÓRICO   17
    Antecedentes   17
    Desenvolvimento e afirmação   23
    A "morte" do neoconservadorismo   28
    Ressurreição   35

2   FILOSOFIA POLÍTICA DO
    NEOCONSERVADORISMO   37
    Modernidade, política e religião   38
    Virtude e voluntarismo   42
    America, the beautiful   44
    A importância do líder   46
    A influência de Strauss – uma questão
    em aberto   48

3   PRINCIPAIS TEMAS DO PENSAMENTO
    NEOCONSERVADOR EM POLÍTICA
    EXTERNA   51
    Internacionalismo não institucional   52
    Unilateralismo   59
    Democracia   64
    Poder militar   70

4   NEOCONSERVADORISMO E TEORIAS
    DAS RELAÇÕES INTERNACIONAIS   77
    Breve histórico   78
    Neoconservadorismo e idealismo   81

Neoconservadorismo e realismo 84
O lugar do neoconservadorismo 90

CONSIDERAÇÕES FINAIS 95
REFERÊNCIAS BIBLIOGRÁFICAS 103

Introdução

Desde o final da Guerra Fria, a maior parte dos analistas considera os Estados Unidos a única potência mundial (ou "superpotência"), o que caracterizaria o atual sistema internacional como unipolar. Independentemente das análises em questão, o fato é que, conforme afirma Huntington, "os Estados Unidos são o único Estado com preeminência em todos os domínios – econômico, militar, diplomático, ideológico, tecnológico e cultural" (Huntington, 1999, p.23). Para Kennedy (2002), que analisa o aspecto militar de diversas potências na história e o compara com o período atual, os Estados Unidos são "a maior superpotência que já existiu". De acordo com o autor:

> Nada jamais existiu como essa disparidade de poder, nada. [...] A *Pax Britannica* foi barata, o exército britânico era muito menor que os exércitos europeus, e mesmo a Marinha Real equivalia apenas às próximas duas maiores marinhas – atualmente todas as outras marinhas do mundo combinadas não poderiam arranhar a supremacia marítima norte-americana. O império de Carlos Magno tinha um alcance restrito à Europa Ocidental. O Império Romano cobriu uma área maior, mas havia outro grande império na Pérsia e um ainda maior na China. Não há, portanto, comparação. (Kennedy, 2002)[1]

Dessa forma, esse país se configura como o agente com maior capacidade para transformar o sistema internacional por meio das diretrizes de sua política externa. Assim, a compreensão das diversas ideias e forças presentes no universo político norte-americano, no que concerne à sua política externa, reveste-se de especial importância no estudo das relações internacionais contemporâneas.

---

[1] Todas as citações de texto em língua estrangeira foram traduzidas pelo autor.

O objetivo desta obra é compreender qual a visão de política externa fornecida pelo pensamento denominado neoconservador nos Estados Unidos. A escolha deste tema específico deveu-se ao fato de que, ao passo que outras correntes de pensamento presentes no debate sobre a política externa norte-americana já são razoavelmente contempladas com estudos acadêmicos, o neoconservadorismo não o é, por razões que apontaremos nas considerações finais deste livro. Além disso, o estudo do pensamento neoconservador em política externa tornou-se ainda mais cogente na medida em que diversas análises apontavam para uma influência decisiva desse pensamento na política externa do governo George W. Bush após os ataques terroristas de 11 de setembro de 2001. O enfoque deste livro limitou-se, portanto, à compreensão do pensamento neoconservador no que diz respeito exclusivamente à *política externa* dos Estados Unidos. O pensamento neoconservador como um todo abarca uma série de questões e posicionamentos de natureza doméstica, mas que só serão tratados na medida em que forem essenciais para a elucidação do tema proposto.

Este livro não pretende fazer uma análise de processo decisório em política externa, tampouco se aprofundar na conexão entre as ideias e sua eventual aplicação no campo prático, pois isso implicaria uma discussão metodológica mais ampla sobre o papel das ideias como determinantes da política externa. Tal debate – que tem sido explorado por diversos autores de diferentes abordagens da teoria das relações internacionais – não faz parte dos objetivos desta obra.[2] Fica claro, portanto, que nos limitaremos ao campo de estudo das *ideias políticas*, tendo em mente, conforme Marcel Prélot, que "as ideias políticas, enquanto influenciam as instituições ou a vida política em sua formação e em seu desenvolvimento, constituem em si próprias um elemento do devir político" (Prélot, 1964, p.74). Dessa forma, o estudo das ideias políticas se reveste de especial importância na medida em que, de acordo com Skinner, "a explicação do comportamento político depende dos estudos das ideias e princípios políticos, sem os quais ela não pode ser levada a cabo com alguma significação" (Skinner, 1996, p.11).

Citando T. S. Eliot, Nisbet (1987) considera que devemos buscar a substância de qualquer pensamento político em um estrato que Eliot denomina "pré-político", que se encontraria em uma camada intermediária entre os extremos dos "contemplativos" e dos "sargentos da política". Segundo Nisbet, trata-se do "estrato que é criado ao longo de um considerável espaço de tempo por pessoas diversas, críticos sociais, filósofos políticos, ensaístas, mesmo pelos próprios políticos altamente experientes" (Nisbet, 1987, p.12). Esta obra pretende, portanto, tratar do *pré-político* do neoconservadorismo,

---

[2] Uma análise das diferentes abordagens sobre ideias e resultados da política externa encontra-se, por exemplo, em: Goldstein, Judith; Keohane, Robert (orgs.). *Ideas and Foreign Policy: Beliefs, Institutions, and Political Change*. Cornell: Cornell University Press, 1993.

recorrendo ao político apenas quando absolutamente necessário. Para tanto, lançar-se-á mão de observações e análises acerca de temas de política externa dos Estados Unidos por parte de "pessoas diversas" identificadas com o pensamento neoconservador.

O critério de seleção dessas "pessoas diversas", no caso do neoconservadorismo, não constitui tarefa demasiado complexa, visto que se trata de um grupo relativamente pequeno se comparado a outras tendências políticas. É comum a produção de "listas" que identificam quem seriam os neoconservadores no universo intelectual e político dos Estados Unidos, o que apenas corrobora a tese de que eles constituem um número reduzido. Kristol descreve o neoconservadorismo "como uma corrente de pensamento, representada por não mais do que poucas dúzias de pessoas" (Kristol, 1995a, p.31). Boot (2004) chama a atenção para o fato de que o principal *think tank* neoconservador em política externa – o Project for the New American Century (PNAC) – possui recursos e pessoal muito aquém de seus similares em outros campos políticos. Ressalte-se que não se pretende aqui classificar pessoas, mas tentar identificar os componentes de determinado tipo de pensamento político. Portanto, não é do interesse desta obra investigar biografias de indivíduos específicos, mas tentar fazer a "biografia" de uma ideia. Nesse sentido, discordamos de análises que entendem que o neoconservadorismo pode ser "mais bem entendido em termos de um grupo de pessoas do que de um grupo de ideias" (Guelke, 2005, p.98), de modo que a ênfase deste livro estará mais nas ideias que nas pessoas. Evidentemente, na medida em que as ideias são produzidas por indivíduos, a escolha dos autores com os quais se trabalhará é de fundamental importância para a consecução dos objetivos aqui propostos.

O autor mais importante a que recorreremos na tentativa de investigar as origens e a substância filosófica do pensamento neoconservador, ainda que não se destaque tanto por seus escritos na área de política externa, é Irving Kristol. Tal escolha se dá pelo fato de ele ter sido amplamente citado e reconhecido, tanto pelos neoconservadores como pelos seus adversários, como o "padrinho do neoconservadorismo".[3] Além disso, Kristol foi o principal responsável pela própria divulgação do termo e pela afirmação do neoconservadorismo na política norte-americana e, provavelmente, o primeiro a tentar sistematizá-lo como um ideário distinto. Sua trajetória confunde-se com a própria história do pensamento neoconservador. Por esses motivos acreditamos não ser desmedida a afirmação feita neste livro de que Kristol está para o neoconservadorismo assim como Burke está para o conservadorismo. Outra figura a ocupar esse lugar poderia ser Norman Podhoretz, que tem uma trajetória intelectual semelhante à de Kristol e

---

[3] Tradução nossa para a expressão comumente utilizada para definir Kristol: *"the godfather of neoconservatism"*.

destacou-se principalmente por seus escritos em política externa. Entretanto, a maior parte da literatura consultada considera que cabe a Kristol esse papel, e será essa a posição assumida neste livro.

Escolheu-se, neste livro, caracterizar o neoconservadorismo com a denominação mais ampla de *ideia política* ou *pensamento político*. Irving Kristol utiliza os termos *impulso, persuasão* e *modo de pensamento* (Kristol, 1983), Irwin Stelzer e Norman Podhoretz preferem caracterizá-lo como *tendência* (Stelzer, 2004), termo também aceito pelo próprio Kristol (Kristol, 1983). Outras denominações seriam possíveis – doutrina, teoria ou ideologia. Nisbet (1987) refere-se ao conservadorismo em geral como *ideologia* e também utiliza a palavra *doutrina* quando trata do neoconservadorismo em particular. *Teoria* nos parece um termo bem menos adequado, visto que nem sequer existe consenso na literatura sobre o fato de que alguma ciência social tenha atingido, nas palavras de Raymond Aron, "o nível supremo de teoria comparável à teoria da relatividade de Einstein" (Aron, 1980, p.376). Independentemente dessa discussão, consideramos que o neoconservadorismo seria mais apropriadamente classificado como *doutrina* do que como *teoria*, visto que, de acordo com Prélot,

> a doutrina considera também os fenômenos, mas os aprecia, os aceita ou os recusa em função de um ideal imanente ou transcendente em relação ao Estado. As doutrinas julgam os fatos e indicam os caminhos a seguir para assegurar a felicidade dos cidadãos ou o poder do Estado. (Prélot, 1964, p.66)

De qualquer forma, a fim de evitar quaisquer controvérsias, optou-se, nesta obra, pela utilização de, nas palavras de Prélot, "um termo neutro", qual seja, "*ideias* ou *pensamento*" (Prélot, 1964, p.67, grifo do autor). Portanto, o objeto deste livro é o pensamento neoconservador nos Estados Unidos como conjunto organizado de ideias. Entretanto, conforme mencionado, não será considerado esse pensamento em sua totalidade, mas apenas no que se refere às questões específicas de política externa, com as outras questões tratadas apenas de forma marginal.

Finalmente, é importante destacar que a alcunha de neoconservadorismo é utilizada aqui por ser a mais consagrada na literatura e nas análises em geral que, entretanto, registram também outras denominações para referir-se ao mesmo fenômeno, variando de acordo com a característica que se pretende enfatizar a respeito da postura neoconservadora em política externa. Dentre as variadas denominações, utilizadas ora por seus críticos, ora por seus defensores, destacam-se: "conservadores internacionalistas" (Kagan; Kristol, 2000; Caesar, 2000), "unipolaristas" ou "neoimperialistas" (Dorrien, 2004), "*pax* americanistas" (Dorrien, 2003), "novos wilsonianos" (Mead, 2004), "idealistas democráticos" (Kaplan, 2004), "hegemonistas" ou "imperialistas democráticos" (Daalder; Lindsay, 2003), "novo unilateralismo" (Krauthammer,

2003), "realismo democrático" ou "globalismo democrático" (Krauthammer, 2004), entre outras. Todas se referem, de modo geral, ao mesmo conjunto de ideias aqui apresentado.

O livro foi dividido em quatro capítulos, que possuem uma íntima conexão entre si, de modo que cada um deles é, de certa forma, uma introdução aos capítulos seguintes – que, por sua vez, recuperam elementos dos capítulos anteriores. Por conseguinte, os quatro capítulos não podem ser considerados como quatro diferentes frascos de perfume fechados, expostos em uma vitrine, mas como quatro componentes da mesma essência, em que a falta de um deles compromete seu aroma. As diversas notas de rodapé com referências aos demais capítulos são a consequência lógica disso. Ao fim desses quatro capítulos, faremos algumas considerações a título de conclusão.

O Capítulo 1 consistirá em avaliar como o neoconservadorismo surgiu e evoluiu a partir de uma perspectiva histórica. Para fins de análise, identificamos e denominamos quatro períodos importantes. O primeiro deles, que denominamos *antecedentes*, considera rapidamente alguns debates históricos na política externa dos Estados Unidos até o início da Guerra Fria. É importante notar que, nesse período, ainda não existia sequer o termo "neoconservadorismo", mas sua substância filosófica já começava a se formar – como todo processo político, a ideia surge antes do conceito. No que tange ao conservadorismo, Nisbet identifica que "Só em 1830, em Inglaterra, o conservadorismo começou a fazer parte do discurso político. Mas a sua substância filosófica nasceu em 1790, com Edmund Burke" (Nisbet, 1987, p.15). Fazendo um paralelo com a afirmação de Nisbet, acreditamos que se possa afirmar que, ao passo que o neoconservadorismo começa a fazer parte do discurso político norte-americano por volta de 1975,[4] sua substância filosófica já tinha se constituído anteriormente. Entretanto, como parece não existir uma "obra fundadora" do neoconservadorismo (ao contrário do conservadorismo clássico, em que o *Reflexões sobre a revolução em França*, de Edmund Burke, é considerado como tal), não é possível precisar a data do surgimento de sua substância filosófica. Por esse motivo, entendemos ser importante recuperar brevemente as principais tradições em política externa nos Estados Unidos a fim de compreender o contexto em que o neoconservadorismo aparece.

O segundo momento, que podemos chamar de *desenvolvimento e afirmação*, percorre todo o período da Guerra Fria, sendo o governo Ronald Reagan considerado o momento central nesse processo. Nesse período, testemunha-se o surgimento daquele que é considerado a figura central do pensamento neoconservador: Irving Kristol. Assim como Nisbet afirma

---
[4] Sua popularização, entretanto, dar-se-ia a partir dos anos 1980, com o governo Ronald Reagan, conforme será visto adiante.

que "Burke é o profeta – o Marx ou o Mill – do conservadorismo" (Nisbet, 1987, p.14), acreditamos ser possível afirmar, na mesma linha, que Kristol é o Burke do neoconservadorismo.

O terceiro momento, que classificamos como *a "morte" do neoconservadorismo*, corresponde ao período entre o final da Guerra Fria e os ataques terroristas de 11 de setembro de 2001. Durante esse período, muitas análises, inclusive por parte de seus mais importantes porta-vozes, chegaram a declarar a "morte" ou o "desaparecimento" do neoconservadorismo. A partir dessa constatação, justifica-se a denominação que daremos ao próximo período, que corresponde ao pós-11 de setembro de 2001 – *ressurreição*.

O Capítulo 2 pretende estabelecer as bases para a compreensão de uma filosofia política do neoconservadorismo, na qual se tentará identificar, principalmente, qual a visão neoconservadora de história, usando como referência a perspectiva conservadora clássica. Além disso, será feito um esforço a fim de detectar como os neoconservadores avaliam o papel da política na modernidade e o papel dos Estados Unidos nesse contexto.

O Capítulo 3 tratará dos principais temas presentes no pensamento neoconservador no que tange à política externa. Evidentemente, esses temas, ainda que apresentem elementos de continuidade ao longo do tempo, são influenciados pelo contexto histórico apresentado anteriormente, o qual será levado em consideração nesse momento. Assim, podemos afirmar que, se a análise anterior foi pensada de forma horizontal, pretende-se acrescentar nesse momento uma dimensão vertical, a fim de tentar definir o que chamaríamos "geometria" do pensamento neoconservador. Adicionalmente, cabe acrescentar que, como todo pensamento político, não se trata aqui de um bloco absolutamente coeso, existindo de fato uma série de divergências acerca de alguns tópicos específicos, algumas das quais se pretende examinar nessa parte do trabalho.

O que se buscou na definição dos temas aqui apresentados foi o que nos pareceu ser uma espécie de denominador comum do pensamento neoconservador sobre a política externa dos Estados Unidos, e que estivessem presentes de alguma forma desde suas origens. Ou seja, o critério de escolha utilizado na identificação desses temas levou em consideração tanto sua relevância como sua continuidade.

O último capítulo deste livro discutirá como o neoconservadorismo se insere em relação às tradicionais correntes teóricas de relações internacionais, ou seja, em que medida se afasta ou se aproxima das premissas assumidas pelas teorias realista e idealista. Nesse ponto, uma questão fundamental é a discussão do conceito de interesse nacional na visão de cada uma dessas correntes de pensamento.

1
HISTÓRICO

ANTECEDENTES

Como veremos a seguir, a literatura identifica, de forma geral, o nascimento do neoconservadorismo em meados da década de 1970. Entretanto, para fins de análise neste livro, consideraremos um período anterior, que classificamos genericamente de antecedentes, que viria de certa forma preparar as bases para seu surgimento. Possivelmente, se fôssemos de fato remontar às origens desse pensamento, deveríamos considerar todo o período desde a independência dos Estados Unidos. Não nos proporemos tal tarefa. Entretanto, é de fundamental importância identificar algumas características presentes na tradição norte-americana de política externa a fim de entender o terreno sob o qual o pensamento neoconservador finca suas raízes.

Como lembra Henry Kissinger (1994), foram os franceses que, no século XVII, sob o comando do cardeal Richelieu, introduziram a abordagem em relações internacionais com base no interesse nacional e no conceito de razão de Estado. Foi na Inglaterra do século XVIII que se sofisticou a concepção de equilíbrio de poder, central na política europeia a partir de então. No século XIX, Klemens Wenzel von Metternich, na Áustria, e Otto von Bismarck, na Alemanha, foram os principais responsáveis, respectivamente, pela arquitetura e pelo desmantelamento do Concerto Europeu, conduzindo a diplomacia europeia a um "jogo de sangue-frio de política de poder" (Kissinger, 1994, p.17). Todas essas características futuramente viriam constituir a base para o desenvolvimento da chamada teoria realista das relações internacionais.

Da mesma forma, entendemos que a abordagem norte-americana em política internacional, assim como a europeia, seria fruto de sua história e características singulares. E, para um país isolado ao leste e ao oeste por dois oceanos, e ao norte e ao sul por duas nações pouco poderosas e ameaçadoras, conceitos como equilíbrio de poder pareciam bastante remotos. Dessa forma, os discursos, as motivações, a experiência histórica e a ação de presidentes norte-americanos como George Washington, Abraham Lincoln e Woodrow Wilson, por exemplo, revelam-se fortemente divergentes das de estadistas europeus como Richelieu, Metternich e Bismarck.

Haas e Whiting (1956) identificam um dualismo presente no caráter norte-americano que é transportado para a política externa e que seria responsável pelo que o autor classifica como "oscilações no temperamento" dos Estados Unidos – o da ética do "homem de negócios" *versus* o do "missionário". Ambos, de acordo com os autores, se alternariam ao longo da história e se manifestariam tanto no plano interno como no externo, significando, alternadamente, atitudes de "pessimismo e otimismo", "intervenção e retirada", "cinismo e idealismo", "apatia em relação a eventos externos" e "desejo de ação imediata baseado em simplificação do assunto" (Haas; Whiting, 1956, p.254-6).

Kissinger (1994) também identifica duas tradições "contraditórias" na política externa dos Estados Unidos: uma "isolacionista", que enxerga os Estados Unidos como um "farol", e outra "missionária", que vê esse país como um "cruzado". Para o autor:

> [...] a primeira [defende] que os Estados Unidos atendem melhor aos seus valores aperfeiçoando a democracia internamente, agindo assim como farol para o resto da humanidade; a segunda, que os valores dos Estados Unidos impõem a necessidade de travar uma cruzada em nome deles ao redor do mundo. (Kissinger, 1994, p.18)

O autor nota, entretanto, que a importância da democracia na política externa dos Estados Unidos sempre esteve presente historicamente, sendo as diferenças entre as duas visões uma questão de método (Kissinger, 1994, p.33). Da mesma forma, Brands (1998) vê a política externa norte-americana como um processo de alternância entre "exemplaristas" e "vindicadores". Morgenthau (2003) também se mostra atento a essas duas tradições, mas avalia que apenas a noção dos Estados Unidos como "farol" ou "exemplarista" representaria, de fato, a tradição norte-americana em política externa. De acordo com o autor, "a política americana tem sido no sentido de que esses princípios universais, postos em prática pelos Estados Unidos, não deveriam ser exportados a ferro e fogo, mas apresentados ao resto do mundo como sendo um exemplo de êxito" (Morgenthau, 2003, p.477).

Na mesma direção, Schlesinger Jr. (1992) identifica a existência de duas concepções distintas ao longo da história norte-americana – os Estados Unidos vistos como uma experiência exemplar e, no outro oposto, os Estados Unidos vistos como a consagração de um destino nacional. Para o autor, enquanto o primeiro estaria associado ao "realismo", o segundo estaria identificado com o "messianismo". O primeiro produziria uma política externa "empírica", a partir da "perspectiva da história", ao passo que o segundo levaria a uma política externa "dogmática", com base na "perspectiva da ideologia" (Sclesinger Jr., 1992, p.61). De acordo com Schlesinger Jr., essa "tensão entre experimento e ideologia" (Schlesinger Jr., 1992, p.58) perpassa a história norte-americana, sendo os "pais fundadores" classificados pelo autor como "bravos e imperturbáveis realistas" (p.11). Na avaliação do autor, foi ao longo da história que "a ideia secular de experiência começou a ceder lugar à ideia mística de um destino nacional americano" (p.16). Tal fato se tornaria, de acordo com Schlesinger Jr., ainda mais agudo com o crescimento do poderio norte-americano após a Segunda Guerra Mundial, que teria servido "para confirmar o messianismo daqueles que acreditavam na divina unção da América" (p.61). McDougall (1997) mantém avaliação semelhante, e identifica que, na virada do século XIX para o século XX, os Estados Unidos teriam passado da ideia de "terra prometida" para a de "Estado cruzado". De acordo com o autor, "enquanto os Estados Unidos, a terra prometida, sustentavam que tentar mudar o mundo era estúpido (e imoral), os Estados Unidos, o Estado cruzado, sustentavam que *se abster* de tentar mudar o mundo era imoral (e estúpido)" (McDougall, 1997, p.205, grifo do autor).

De acordo com Selden, ainda que a maior parte dos registros históricos tenda a enfocar mais o aspecto do exemplo do que o missionário, Thomas Jefferson, em seu segundo mandato, "começou a falar menos nos Estados Unidos como 'exemplar da liberdade' e mais nos Estados Unidos como 'império da liberdade'" e as duas visões se mesclaram rapidamente (Selden, 2004, p.35). Embora Kissinger (1994) considere essas tradições contraditórias, o autor pondera que ambas teriam em comum o fato de compartilharem a mesma crença de que a paz e a prosperidade internacionais seriam alcançadas caso os países abandonassem a diplomacia tradicional e adotassem a visão norte-americana de democracia. Destarte, Kissinger afirma que "a jornada dos Estados Unidos na política internacional tem sido um triunfo da fé sobre a experiência" (Kissinger, 1994, p.18). Mead observa que a política externa norte-americana possui uma característica "que Clausewitz consideraria perturbadora: uma dimensão messiânica" (Mead, 2005, p.16).

A questão dos valores morais é, então, um componente fundamental para o entendimento da política externa norte-americana. Assim, Perkins observa uma "forte tendência da política externa norte-americana no sentido de sobrepor as considerações morais aos interesses específicos e especiais" (Perkins, 1968, p.133). Mesmo assumindo que essa preocupação também esteja presente em outras nações, existe uma diferença no grau de sua influência no caso dos Estados Unidos (Perkins, 1952). Para Mead, ainda que preocupações de ordem moral não sejam exclusividade dos Estados Unidos, "a mistura, poder e composição particulares dessas vozes é de nossa propriedade" (Mead, 2001, p.42). De acordo com Mead (2001), isso se dá principalmente pela natureza democrática do processo político norte-americano desde suas origens, resultando em uma distinção menos clara entre Estado e sociedade se comparado com a tradição da Europa continental. Assim, a política externa norte-americana não seria produto de um único homem e, por isso, não haveria espaço para um Bismarck ou um Metternich nesse processo, seja em razão da forte atuação do Congresso dos Estados Unidos, seja pela extensão relativamente curta do mandado presidencial (Mead, 2001, p.39-40). Perkins ressalta que "em uma extensão que não encontra paralelo em outro país, a força motivadora no governo vem de baixo a partir do povo e não de cima a partir de uma elite política ou diplomática" (Perkins, 1952).

Smith (2002) apresenta dois fatores principais que explicariam o moralismo norte-americano em política externa. O primeiro deles é o fato de os norte-americanos serem um "povo singularmente religioso, ao menos para uma potência industrial avançada". A segunda explicação estaria relacionada ao "isolamento geográfico do país e seu grande poder", resultando em uma combinação de "oceanos poderosos e vizinhos fracos", que colocaria os Estados Unidos distantes da realidade de poder e reforçaria as aspirações universalistas de sua política externa (Smith, 2002, p.262).

Dessa forma, as especificidades do desenvolvimento histórico e da geografia dos Estados Unidos, aliadas à forte e decisiva influência religiosa, permitiram a elaboração da ideia do "excepcionalismo" norte-americano, que se baseia fundamentalmente na crença de que esse seria um país singular, que condenaria a tradicional política de poder nas relações internacionais, e com frequentes menções a uma provável missão divina a cumprir na Terra.[1] Após a vitória na Primeira Guerra Mundial, o mundo pareceu tomar conhecimento do excepcionalismo norte-americano nas relações internacionais, personificado na figura do presidente Woodrow Wilson. A entrada dos Estados Unidos no jogo da política europeia revelou um conceito de ordem mundial fundamentalmente distinto daquele que a Europa conhecera nos séculos anteriores. De acordo com Kissinger:

---

[1] Alguns autores, entretanto, discordam que a política externa dos Estados Unidos tenha caráter excepcional. Lepgold e McKeow, por exemplo, disputam essa afirmação a partir de um estudo que conclui ser duvidoso que os Estados Unidos tenham agido de forma excepcional em sua política exterior, em comparação com outras potências. Ver LEPGOLD, Joseph; MCKEOW, Timoty. Is American Foreign Policy Excepcional? An Empirical Analysis. *Political Science Quarterly*. Nova York: APS, v.110, n.3, outono 1995.

> Os Estados Unidos desprezavam o conceito de equilíbrio de poder e consideravam imoral a prática da *Realpolitik*. Os critérios dos Estados Unidos para ordem internacional eram democracia, segurança coletiva e autodeterminação – nenhum dos quais haviam amparado quaisquer acordos europeus anteriores. (Kissinger, 1994, p.221)

Desse modo, se por um lado a experiência europeia havia levado ao desenvolvimento de uma abordagem "realista" em relações internacionais, a visão levada a cabo por Wilson foi denominada "utópica" ou, ainda, como ficou mais conhecida, "idealista" (Carr, 2001).

Para Smith (2002), a denominação moralista ou idealista dada à política externa norte-americana, notadamente a partir de Wilson, obscurece um melhor entendimento da estratégia norte-americana, que o autor classifica como *national security liberalism*, que defende que os Estados Unidos teriam tanto o interesse quanto a capacidade de promover a democracia internacionalmente. Ikenberry (2002) segue na mesma direção ao destacar que a promoção da democracia pelos Estados Unidos é parte de uma estratégia liberal (*liberal grand strategy*) desse país e reflete um interesse pragmático na construção da ordem e da segurança internacionais, a partir de uma visão distinta da oferecida pela tradição realista. Além da democracia, Mead também destaca o elemento da ordem na estratégia norte-americana ao afirmar que esta consiste em "proteger nossa própria segurança doméstica, ao mesmo tempo em que constrói uma ordem mundial pacífica de estados democráticos ligados por valores comuns" (Mead, 2004, p.7). Para Mead (2001), a questão da ordem mundial e o papel dos Estados Unidos nesse processo têm sido uma preocupação central na política externa norte-americana desde sua independência.

Smith (2002) define a estratégia liberal como composta por três elementos principais: promoção da democracia, abertura de mercados e necessidade de instituições internacionais para regular os conflitos. De acordo com o autor, a partir de Wilson e da Primeira Guerra Mundial, outro componente é acrescentado: a necessidade da liderança consciente dos Estados Unidos nas relações internacionais. Ikenberry (2002) observa que os objetivos perseguidos pela estratégia liberal norte-americana sempre estiveram de alguma forma presentes no âmbito da política externa dos Estados Unidos, sendo uma característica dominante ou recessiva, de acordo com o momento histórico.

Ao final da Primeira Guerra Mundial, o principal debate que se vislumbrava no cenário da política externa norte-americana nas décadas de 1920 e 1930 era entre "internacionalistas" e "isolacionistas". A participação dos Estados Unidos na Primeira Guerra e o subsequente fracasso da Liga das Nações proposta por Wilson deixaram profundas marcas. Diversos políticos e analistas, logo após a guerra, "reagindo à cruzada de Wilson pela Liga das

Nações e temendo a subordinação da soberania norte-americana a organismos internacionais, adotaram uma postura mais isolacionista" (Caesar, 2000, p.28). Entretanto, os isolacionistas perderiam espaço com o ataque japonês a Pearl Harbor e a ulterior entrada dos Estados Unidos na Segunda Guerra Mundial, sob a liderança de Franklin Roosevelt.

Um dos efeitos observados a partir do fracasso da Liga das Nações, proposta por Wilson e rejeitada pelo próprio Congresso norte-americano, e da eclosão da Segunda Guerra Mundial, foi o fortalecimento de abordagens de inspiração realista nos Estados Unidos, ofuscando de certa forma a espinha dorsal da estratégia liberal norte-americana tal como descrita por Smith. Para Mead, "o ambiente internacional enfrentado pelos Estados Unidos durante a Guerra Fria assemelhava-se em muitas formas ao mundo enfrentado por Bismarck e Metternich" (Mead, 2001, p.66). Durante a Guerra Fria, portanto, a estratégia liberal norte-americana ficou subordinada ao objetivo maior de contenção do comunismo (Huntington, 1999). Apenas após o final do conflito bipolar tal estratégia emergiria de forma mais clara (Ikenberry, 2002). Assim, Mead entende que "a Guerra Fria foi um incidente na política externa dos Estados Unidos, não uma época, e seu término deixou os Estados Unidos essencialmente com o mesmo conjunto de responsabilidades, interesses e tarefas que tínhamos quando ela começou" (Mead, 2001, p.84).

O auge da influência do realismo nos Estados Unidos deu-se nos governos de Richard Nixon e Gerald Ford, sob a condução de um influente teórico nascido na Alemanha, Henry Kissinger. Como assessor de Segurança Nacional, de 1969 a 1973, e secretário de Estado, de 1973 a 1977, Kissinger liderou a estratégia da *détente* com relação à União Soviética e levou os Estados Unidos a maior aproximação com a China, a partir de "cuidadosas análises baseadas no interesse nacional" (Kissinger, 1994, p.723) e do princípio do equilíbrio de poder. É importante destacar que o auge da experiência realista nos Estados Unidos é considerado por muitos como uma excentricidade (Mead, 2001; Lind, 2003). O próprio Kissinger afirma que a política externa de Nixon era uma "nova abordagem" em relação à tradição norte-americana em relações internacionais (Kissinger, 1994, p.742-3).

A inauguração da Guerra Fria obscureceu o debate entre "isolacionistas" e "internacionalistas" vigente nas décadas anteriores à Segunda Guerra Mundial. Descartada a possibilidade de uma postura isolacionista no novo cenário internacional, o principal debate passou, então, a ser entre "unilateralistas" e "multilateralistas" (Lake, 1999). Para Haas e Whiting,

> Com a crescente preocupação com a expansão da ideologia comunista e o poder do Estado Soviético, expressada inicialmente pelos elementos conservadores da sociedade norte-americana, o foco agora dominante da política externa dos Estados Unidos emergia: anticomunismo em escala global. [...] Colocando positivamente, tal

política sustenta o desejo de manter o *status quo* institucional e ideológico mundial. (Haas; Whiting, 1956, p.292-3)

Nesse sentido, de um lado, a posição liberal defendia majoritariamente uma abordagem multilateral no enfrentamento do comunismo. De outro lado, a maior parte dos conservadores favorecia intervenções unilaterais e/ou uma postura isolacionista (Haas; Whiting, 1956). Assim, conforme Haas e Whiting (1956), cada posição resulta em uma estratégia distinta. Aqueles que defendem uma abordagem multilateral, por meio da cooperação e de organizações internacionais, tenderiam à política de "contenção" que favorece a negociação em detrimento do enfrentamento e da destruição da União Soviética. No outro polo estaria a política que os autores denominam "liberação" – "Uma trégua ou negociações com tal inimigo é rejeitada. Apenas a rendição completa é aceita, visto que qualquer outra política é 'apaziguamento'" (p.295). Essa política entende que os valores norte-americanos, que se baseiam no livre mercado e na democracia, além de serem absolutamente incompatíveis com a ideologia comunista, estariam em perigo caso esta não fosse enfrentada ativamente. Haas e Whiting salientam que "implícito nessa dedicação à pureza dos valores americanos nas relações com outras nações está uma rejeição tácita às alianças, organizações internacionais e compromissos externos extensivos" (p.296-7). Dessa forma, essa última constitui uma abordagem que favorece ações unilaterais por parte dos Estados Unidos na defesa de seus interesses e ideais no plano internacional.

DESENVOLVIMENTO E AFIRMAÇÃO

Portanto, visto o que Haas e Whiting escrevem em 1956, logo na primeira década da Guerra Fria já parecia claro qual era o principal debate vigente acerca do rumo da política externa dos Estados Unidos. Nessa época, Irving Kristol se encontrava na Inglaterra como cofundador da revista *Encounter*, em 1953. Antes disso, Kristol – que até os 22 anos era um universitário trotskista – havia sido editor da revista *Commentary*, de 1947 a 1952. Nesse período, escrevia majoritariamente sobre religião e filosofia e, ocasionalmente, sobre literatura, expressando uma visão considerada neoliberal para os padrões norte-americanos (Kristol, 1995a). Entretanto, a partir de sua constatação de que havia uma "extraordinária profusão de opiniões simpáticas, ou até mesmo apologéticas, em relação ao regime stalinista entre muitos liberais importantes", seu interesse é atraído para as questões políticas (Kristol, 1995a, p.18). Essa constatação talvez tenha sido o seu primeiro passo para se distanciar das posições liberais que até então ele defendia. Um outro passo pode ser detectado durante sua estadia na Inglaterra, quando Kristol teve a oportunidade de entrar em contato com o conservadorismo britânico. Vivendo em um meio de tendência majoritariamente liberal nos Estados Unidos, até então Kristol não havia conhecido pessoalmente nenhum conservador em Nova York, e afirma ter ficado

> [...] fascinado pelo fato de que eles [conservadores britânicos] sentiam-se perfeitamente confortáveis com eles mesmos enquanto conservadores, nem apologéticos nem indevidamente hesitantes. Eles eram, afinal, herdeiros de uma longa tradição de política conservadora e de pensamento conservador na Inglaterra, ao passo que não havia tal tradição nos Estados Unidos. Apesar de serem uma nítida minoria eles eram aceitos pela sociedade como um todo como tendo um lugar legítimo no espectro político. (Kristol, 1995a, p.25)

Nas décadas seguintes, outro evento teria um impacto importante e levaria Kristol e outros liberais de então a romper definitivamente com o liberalismo: o surgimento do movimento conhecido como "contracultura", que se baseava fundamentalmente na contestação dos valores e costumes da sociedade norte-americana de então, a partir de uma perspectiva de esquerda, e disseminou-se nos *campi* universitários dos Estados Unidos durante as décadas de 1960 e 1970. Muitos daqueles que viriam a ser denominados neoconservadores interpretavam esse movimento como "uma rejeição radical aos valores, atitudes e objetivos americanos tradicionais", o que era visto por eles como algo a ser combatido (Kirkpatrick, 2004, p.235). Nessa direção, Kristol afirma que a reação de alguns liberais ao movimento de contracultura causou um choque de autor–reconhecimento, que levaria a uma crise de identidade política:

> Repentinamente descobrimos que éramos conservadores culturais desde sempre. Esse choque de reconhecimento teria profundas consequências. Éramos tipos burgueses, todos nós, mas mais por hábito e instinto do que por reflexão. Agora, tínhamos que decidir o que defendíamos e por quê. (Kristol, 1995a, p.31)

Assim, o neoconservadorismo emerge inicialmente como uma reação dentro do liberalismo ao que era visto como uma corrupção pela esquerda dos valores tradicionais norte-americanos. Nisbet considera que o movimento de contracultura deu início a uma "reação decididamente conservadora", tal como a reação à Revolução Francesa na época de Burke, e acrescenta: "Assim nasceram os neoconservadores, dos quais se pode dizer que seguiram o exemplo de Burke, deixando que uma revolução fosse a condição que desencadeou a sua doutrina" (Nisbet, 1987, p.164). Wolfson observa que o surgimento do neoconservadorismo se deve a uma "reação contra a revolta niilista da esquerda contra a moralidade e a religião tradicionais" (Wolfson, 2004, p.225).

Foi nesse ambiente que, em 1965, Kristol fundou a revista *The Public Interest*, que se tornaria um dos periódicos mais intimamente ligados ao neoconservadorismo. Entretanto, Kristol optou por tratar exclusivamente de questões domésticas na revista, pois acreditava que o tema da Guerra do Vietnã era muito controverso entre seus colaboradores, e não queria que a publicação fosse "engolida pelo Vietnã" (Kristol, 2005). Nos primeiros anos de sua existência, a revista era considerada "moderadamente liberal" (Kristol, 2005), visto que grande parte dos seus participantes era registrada no Partido Democrata e o termo neoconservadorismo nem sequer existia.

Todavia, um evento ligado a questões de política externa seria decisivo, a partir da nomeação de George McGovern como candidato à presidência para as eleições de 1972 pelo Partido Democrata. McGovern havia conseguido sua indicação com um discurso "isolacionista", que defendia a imediata retirada dos Estados Unidos do Vietnã, com o *slogan* "*Come home, America*", o que era encarado por muitos como uma atitude de indiferença em relação ao comunismo internacional. Na avaliação de Jeane Kirkpatrick,

> A campanha de McGovern não apenas advogava uma retirada imediata dos Estados Unidos da Guerra do Vietnã, anunciando-se, assim, indiferente à escalada do poder comunista no Vietnã e no Sudeste Asiático, como adotou uma interpretação revisionista particular acerca do período pós-Segunda Guerra. Nessa visão revisionista (proposta inicialmente por Henry Wallace em 1948), os Estados Unidos eram os principais responsáveis pela Guerra Fria e a expansão soviética. (Kirkpatrick, 2004, p.240)

Dessa forma, muitos dos então liberais interpretaram a nomeação de McGovern como "uma mensagem de que nós estávamos agora fora do espectro liberal e de que o Partido Democrata não oferecia mais espaço para pessoas como nós" (Kristol, 1995a, p.32). Portanto, estava claro que, se no plano interno os neoconservadores combatiam a contracultura, na política externa o principal elemento que os distinguia da maioria dos liberais era a defesa de uma atitude de confrontação ativa em relação à União Soviética e ao comunismo em geral, defendendo uma postura mais próxima à política de "liberação", conforme descrito por Haas e Whiting. Por essa razão os neoconservadores eram comumente identificados então como "guerreiros da Guerra Fria" (*Cold War warriors*).

Assim, Kristol decidiu apoiar, ainda que "sem entusiasmo", a reeleição de Nixon (Kristol, 2005).[2] Esse episódio fez com que o escritor socialista norte-americano Michael Harrington cunhasse o termo que passaria a identificar

---

[2] Tal atitude não foi seguida por todos daqueles que viriam a ser denominados neoconservadores. Entretanto, conforme mencionado a seguir, com Reagan confirma-se definitivamente a atração dos neoconservadores ao Partido Republicano.

Kristol e outros liberais que mudaram de lado: *neoconservador*.[3] Kristol, que, conforme demonstrado, há tempos vinha flertando com o conservadorismo, aceitou a denominação (que originalmente tinha a intenção de ser ofensiva)[4] e algum tempo depois deu sua definição, que se tornaria famosa, para o que seria um neoconservador: "um liberal que caiu na real".[5] A designação de neoconservador acabou por oferecer uma identidade política a aqueles que, como Kristol, eram até então denominados "liberais anticomunistas" (Kristol, 1993) e passou definitivamente a fazer parte do discurso político norte-americano.

Entretanto, o apoio de uma parte dos neoconservadores a Nixon era extremamente frágil. Conforme mencionado anteriormente, a abordagem de Nixon-Kissinger em política externa foi considerada uma novidade por ter se baseado notadamente em princípios realistas e, dessa forma, sofreu críticas de diversos setores políticos nos Estados Unidos. Nas palavras de Kissinger,

> [...] os liberais o recriminavam por uma atenção inadequada aos direitos humanos. Os conservadores descreviam sua administração como extremamente ávida por uma acomodação com a União Soviética em nome da *détente*, que, em sua visão, compunha uma má política com terminologia francesa. (Kissinger, 1999a, p.99)

O que Kissinger cita como crítica dos conservadores era vocalizada majoritariamente pelos neoconservadores. Recém-chegados ao campo conservador, os neoconservadores sentiam-se muito mais à vontade em suas críticas a Nixon que os conservadores tradicionais. Na verdade, o apoio de alguns neoconservadores à reeleição de Nixon pode ser entendido não como um apoio ao presidente, mas sim como uma tentativa de achar um lugar no Partido Republicano, lugar esse que sentiam ter perdido definitivamente dentro do Partido Democrata. Tinham a intenção, portanto, de "revigorar" o Partido Republicano a partir de suas convicções (Kristol, 1995a, p.35).

Nos anos seguintes, durante as administrações de Nixon, Ford e Carter, as maiores críticas dos neoconservadores acerca da política externa norte-americana continuavam a ser relacionadas ao que eles acreditavam ser uma falta de firmeza no combate ao comunismo. Estavam interessados principalmente em combater o que viam como um crescente isolacionismo dentro do conservadorismo norte-americano. Se, por um lado, a maior parte

---

[3] Norman Podhoretz, entretanto, atribui a Harrington apenas a divulgação do termo, não a autoria. De acordo com Podhoretz, o termo já havia sido utilizado por ele próprio em 1963 e, antes disso, em uma edição da revista *Encounter* em 1960 e em um artigo da revista *Reporter* em 1952, ambas britânicas (Podhoretz, 1996).

[4] Goldberg destaca que: "É importante lembrar que o termo descrevia um processo que a esquerda considerava como uma traição intelectual, não como uma ideologia distinta" (Goldberg, 2003).

[5] Tradução livre nossa para a frase original de Kristol: *"a liberal mugged by reality"*.

dos liberais e dos críticos da Guerra do Vietnã criticava Nixon por uma postura muito dura, os neoconservadores o criticavam por uma suposta falta de vigor (Kissinger, 1999b). Com o passar dos anos, os neoconservadores foram ganhando espaço dentro do Partido Republicano, e tiveram seu auge com as eleições de 1980 e a ascensão de Ronald Reagan à presidência dos Estados Unidos. Na análise de dois expoentes do pensamento neoconservador na atualidade, Robert Kagan e William Kristol, um dos méritos da política externa de Reagan foi ter enfrentando um

> [...] consenso que favorecia uma acomodação e coexistência com a União Soviética, aceitava a inevitabilidade do declínio do poder norte-americano, e considerava qualquer mudança no *status quo* ou muito temerosa ou muito custosa. Propondo uma visão controversa de vitória ideológica e estratégica sobre as forças do comunismo internacional, Reagan evocava um fim à complacência frente à ameaça soviética, maiores gastos em defesa, resistência ao avanço do comunismo no Terceiro Mundo, e maior clareza moral na política externa dos Estados Unidos. (Kagan; Kristol, 1996, p.19)

Eleito com a promessa de um anticomunismo ativo, apresentando uma retórica com forte conteúdo moral, e caracterizando a União Soviética como um império fora da lei logo em sua primeira conferência de imprensa, o que culminaria no discurso do "império do mal" em 1983 (Kissinger, 1994), Reagan apontava para o final do período da *détente*, e ia ao encontro da visão estruturada pelos neoconservadores em política externa. Além disso, durante seu governo, Reagan adotou uma postura majoritariamente unilateral (Schelinger, 1992) e internacionalista (Caesar, 2000), de promoção ativa da democracia mesmo em países que não representassem uma ameaça direta aos interesses dos Estados Unidos (Kissinger, 1994), e defendeu a construção de um sistema de defesa antimísseis, denunciando os tratados assinados com a União Soviética. Dessa forma, Reagan apoiava as políticas clamadas pelos neoconservadores desde as décadas anteriores, o que definitivamente completou a atração desses ao Partido Republicano (Winik, 1988/1989). Mais do que isso, a partir de uma perspectiva histórica do ponto de vista neoconservador, Reagan tornou-se um modelo (Bennett, 2000; Boot, 2004; Kagan; Kristol, 1996; Kristol, 2004a).[6]

Nesse período, dada a primazia dos assuntos de política internacional no pensamento neoconservador então estabelecido, Kristol funda a revista *The National Interest*, em 1985, preocupado principalmente em defender uma política externa que combinasse um "internacionalismo wilsoniano utópico

---

[6] Alguns analistas discordam da associação feita pelos neoconservadores entre "reaganismo" e neoconservadorismo. Para Halper, "devido a seu descontentamento com Clinton, neoconservadores como William Kristol começaram a olhar a era Reagan como a idade de ouro da política externa americana construída em linhas neoconservadoras" (Halper, 2004, p.24).

e um 'pragmatismo' que fosse um pouco mais que oportunismo" (Kristol, 1995a, p.38). Nessa época, outra publicação já estava estabelecida como pilar do pensamento neoconservador – a *Commentary*, na qual, conforme apontado anteriormente, Kristol havia sido colaborador de 1947 a 1952. Fundada em 1945 e, a partir de 1960, sob a direção de Norman Podhoretz, a *Commentary* tornou-se conhecida como o principal periódico neoconservador, lidando em grande parte com assuntos de política externa.[7] Por ser publicada pelo *American Jewish Committee* e tendo entre a maior parte de seus colaboradores escritores de origem judaica (a começar por Podhoretz), a *Commentary* desenvolveu especial interesse em questões judaicas e relacionadas ao Estado de Israel. Visto que Kristol e outros neoconservadores também possuem origens judaicas, muitos alegam que o neoconservadorismo seria uma corrente de pensamento restrita a "intelectuais judeus" e que alguns desses colocariam os interesses de Israel acima dos interesses dos Estados Unidos (Lind, 2004; Brooks, 2004; Polner; Simms, 2003; Kosterlitz, 2003). A fim de refutar esse tipo de análise, Muravchik sustenta que "ainda que seja verdade que muitos neocons sejam judeus, também é verdade que muitos não são", o que sugeriria "uma postura derivada não a partir de uma lealdade étnica, mas a partir de análises compartilhadas acerca do certo e errado no conflito árabe-israelense" (Muravchik, 2004, p.253). Boot utiliza argumentos idênticos e acrescenta que "Israel tem recebido apoio da maior parte dos americanos, de todos os credos, porque é a única democracia no Oriente Médio,[8] e porque seus inimigos (Hezbollah, Hamas, Irã e Síria) também se autoproclamam inimigos dos Estados Unidos" (Boot, 2004, p.47).

A "MORTE" DO NEOCONSERVADORISMO

O final da Guerra Fria inauguraria uma nova era na política externa norte-americana em geral e no pensamento neoconservador em particular. O desaparecimento da União Soviética, o enfraquecimento do comunismo global e a agora evidente superioridade norte-americana nos campos mi-

---

[7] Em 2005, após quarenta anos de sua inauguração, Kristol decide encerrar a publicação de *The Public Interest*. Em 1995, seu filho, William Kristol, lançaria a *The Weekly Standard*, que permanece, ao lado de *Commentary* e *The National Interest*, entre os principais periódicos a abrigar ideias neoconservadoras, lidando em grande parte com assuntos de política externa.

[8] Note-se que, do ponto de vista neoconservador, o Líbano não é considerado exatamente uma democracia. Nesse sentido, a observação de Krauthammer sobre esse país é reveladora. Diz o autor, ao defender o apoio à democratização no Oriente Médio: "O Líbano [...] está obviamente pronto para a democracia, *tendo praticado uma forma dela* por trinta anos após a descolonização. Sua sofisticação e cultura política o tornam maduro para a transformação" (Krauthammer, 2005, grifo nosso). Assim, o que os neoconservadores entendem como democracia é algo muito próximo do entendimento dos teóricos da teoria da paz democrática (ver Capítulo 3, item Democracia).

litar e econômico trariam incertezas quanto ao papel dos Estados Unidos no mundo, retirando dos neoconservadores seu principal foco em política externa. A perda repentina e inesperada da base sobre a qual o pensamento neoconservador em política externa se sustentava – o anticomunismo – não deu chance para um longo período de agonia. O neoconservadorismo foi então rapidamente decretado morto.

Em 1996, Podhoretz escreveria um "tributo" ao neoconservadorismo, afirmando sua "morte" e seu desaparecimento como "um fenômeno distinto, necessitando de um nome especial próprio" (Podhoretz, 1996, p.19). O autor defendia que o pensamento neoconservador havia cumprido sua missão histórica ao propor um enfrentamento mais contundente do comunismo, postura essa que, de acordo com Podhoretz e grande parte dos neoconservadores, teria sido adotada por Reagan e considerada a maior responsável pela derrocada da União Soviética. De acordo com esse autor:

> Tendo sido um neoconservador por tanto tempo que eu poderia ser chamado de paleoneoconservador, tenho boas razões para lamentar o falecimento desse movimento ou tendência. Ainda assim devo confessar que sua morte me parece mais uma ocasião para comemoração do que para tristeza. Porque o que matou o neoconservadorismo não foi a derrota, mas a vitória; ele morreu não por um fracasso, mas por um sucesso. (Podhoretz, 1996, p.25)

Na avaliação de Kristol, uma política externa baseada em propostas inspiradas pelo neoconservadorismo necessitaria de um claro inimigo para sua consecução.[9]

> Com o final da Guerra Fria, o que nós realmente precisamos é um inequívoco inimigo ideológico e ameaçador, que mexa com os nossos brios e nos una em oposição. Não é isso que o filme mais bem-sucedido do ano, *Independence Day*, está nos dizendo? Onde estão nossos alienígenas quando mais precisamos deles? (Kristol, 1996)

Nesse ponto, é interessante contrapor a visão neoconservadora ao famoso conselho proferido por John Quincy Adams, em 1821, sobre qual deveria ser a atitude dos Estados Unidos em política externa: "Onde quer que a bandeira da liberdade e da independência tenha sido ou venha a ser hasteada, lá estarão seu coração, suas bênçãos e suas orações. Mas ela [a "América"] não vai ao exterior em busca de monstros para destruir".[10] Claramente, a predisposição neoconservadora é diametralmente contrária

---

[9] Ver item A importância do líder no Capítulo 2, especialmente nota de rodapé 23.
[10] Tradução nossa do texto *Monsters to Destroy – John Quincy Adams*. Disponível em: <http://www.thisnation.com/library/jqadams1821.html>. Acesso em: 21 dez. 2006.

a essa tese. Kristol e Kagan (1996) confrontam diretamente essa proposição, argumentando explicitamente que os Estados Unidos deveriam, sim, sair em busca de "monstros para destruir", visto que a alternativa seria deixar que tais monstros agissem livremente. Para os autores, o conselho de Adams não deveria ser seguido tendo em mente que, se no século XIX os Estados Unidos eram "uma pequena potência isolada em um mundo de gigantes europeus" (Kagan; Kristol, 1996, p.14), atualmente esse país seria o gigante e, portanto, teria tanto a capacidade quanto a responsabilidade de perseguir e destruir tais monstros. Agir de outra forma seria, na visão desses autores, "uma política de covardia e desonra".

Dessa forma, a inexistência de um claro inimigo ideológico no período logo após a Guerra Fria tirou do pensamento neoconservador o seu norte. O neoconservadorismo, então lidando muito mais com assuntos de política externa, perdia seu principal apelo e enfraquecia como "persuasão". Em 1995, Kristol referia-se ao neoconservadorismo como um "episódio de uma geração" da história norte-americana e que estava basicamente "absorvido em um conservadorismo mais amplo e compreensivo" (Kristol, 1995a, p.40). Para Podhoretz, naquele ano o neoconservadorismo já havia perdido a sua "novidade" e a sua "distinção ideológica" em relação a outras formas de conservadorismo (Podhoretz, 1996, p.23). Pfaff (2001) chega a afirmar que o fim da Guerra Fria teria possibilitado a emergência de uma "aliança implícita" entre os liberais internacionalistas e os neoconservadores, visto que ambos compartilhariam um "espírito hegemônico" que levaria a intervenções militares mundo afora.

O final da Guerra Fria causaria não só uma reavaliação do neoconservadorismo em particular, mas também do conservadorismo norte-americano como um todo. De acordo com Huntington, com o fim da Guerra Fria, os conservadores:

> [...] perderam seu objetivo central unificador. Enquanto os liberais não tinham problemas em correr a perseguir objetivos liberais de longa data, os conservadores tinham grandes problemas até para definir os objetivos conservadores. Quase nenhum conservador era isolacionista em um sentido significativo, mas, fora isso, eles não concordavam em muita coisa e endossavam uma ampla variedade de diferentes, e frequentemente contraditórias, posições em política externa, incorporando vários graus de intervencionismo, realismo, neorrealismo, idealismo, nacionalismo, internacionalismo, triunfalismo, comedimento, protecionismo e livre comércio. A inexistência de uma grande ameaça identificável para a sociedade americana e suas instituições parecia remover qualquer base ou necessidade para o conservadorismo clássico. (Huntington, 1999/2000, p.34-5)

Para Huntington, a derrocada da União Soviética aprofundou as diferenças entre os conservadores tradicionais e os neoconservadores em questões de política externa. O autor avalia que, em muitos aspectos, a visão neoconservadora convergia com a visão liberal "em seus esforços de reformar o mundo na sua imagem da boa sociedade" (Huntington, 1999/2000, p.35). Na avaliação de Huntington, assim como os liberais, os neoconservadores defendiam o uso do poder norte-americano a fim de promover seus ideais em nível global. Mas, enquanto os liberais dariam prioridade à promoção de mercados e à livre iniciativa, os neoconservadores prefeririam democracia e eleições (Huntington, 1999/2000). De acordo com esse autor:

> Os neoconservadores enfatizam o papel dos Estados Unidos como polícia global, e os liberais, seu papel como trabalhador social global. Eles se unem, entretanto, em atribuir aos Estados Unidos a missão global de promover o bem mundo afora, em contraste com a ênfase conservadora clássica em preservar o bem domesticamente. (Huntington, 1999/2000)

Da mesma forma, Krauthammer (1989) considera que o final da Guerra Fria representava uma cisão entre os conservadores norte-americanos, visto que o anticomunismo era o elemento comum que os mantinha unidos. Para o autor, de um lado muitos dos conservadores tradicionais retornariam a uma postura mais isolacionista e, de outro, os neoconservadores, que historicamente sempre tiveram uma posição tendendo mais ao intervencionismo, defenderiam que o principal foco da política externa dos Estados Unidos deveria ser, então, a promoção da democracia no mundo. Dessa forma, afirma Krauthammer, na ausência de uma ameaça premente, o neoconservadorismo faria a transição do anticomunismo ativo para a pró-democracia ativa.

Entretanto, sem a clara percepção da existência de um inimigo imediato, diversos potenciais candidatos começariam a surgir, com os mais frequentemente citados sendo: China, Rússia, Irã, Iraque e Coreia do Norte (Kagan; Kristol, 2000). China e Rússia, por representarem uma ameaça à predominância dos Estados Unidos no cenário internacional, deveriam ser encaradas não como "parceiros", mas como "competidores" estratégicos (Munro, 2000; Rodman, 2000; Friedberg, 2000). Irã, Iraque e Coreia do Norte eram alvos de preocupações especialmente porque estariam dispostos a obter armas de destruição em massa e ameaçar os interesses norte-americanos (Perle, 2000; Gerecht, 2000; Eberstadt, 2000). Todavia, nenhum desses países representava um inimigo tão poderoso e representativo como a União Soviética. Assim, o perigo principal não era – a partir da perspectiva neoconservadora de então – nenhuma nação específica, mas sim a própria vontade dos Estados Unidos em permanecer como a principal potência global. De acordo com Kagan e Kristol:

> [...] *existe* hoje um "perigo imediato". Ele não tem nome. Ele não pode ser encontrado em nenhum adversário estratégico único. [...] O perigo imediato é os Estados Unidos, a potência dominante no mundo da qual dependem a manutenção da ordem mundial e o apoio à democracia liberal, diminuírem suas responsabilidades e – em uma atitude de abstenção, parcimônia ou indiferença – permitirem o colapso da ordem internacional que eles criavam e sustentam. (Kagan; Kristol, 2000, p.4, grifo dos autores)

Dessa forma, com a inexistência de um foco externo mobilizador, o pensamento neoconservador voltou-se para os próprios Estados Unidos. Se havia alguma ameaça, ela estaria na própria fraqueza desse país. Era necessário, portanto, assumir-se efetivamente como a nação mais poderosa do globo, capaz de moldar a ordem internacional de acordo com seus interesses e sua visão de mundo. Para Kagan e Kristol, "pela primeira vez na sua história, os Estados Unidos tinham a chance de moldar o sistema internacional de uma forma que aumentaria sua segurança e avançaria seus princípios sem a oposição de um adversário poderoso e determinado" (Kagan; Kristol, 2000, p.5). O objetivo da política externa então deveria passar a ser, portanto, a "preservação da hegemonia norte-americana pelo máximo tempo possível", a partir de uma busca por uma posição de "supremacia militar" e de "confiança moral" (Kagan; Kristol, 1996, p.23). Nas palavras de Dorrien:

> Para os neoconservadores, o fim da Guerra Fria era estimulante, confuso e algo que tirava sua importância, tudo ao mesmo tempo. Norman Podhoretz ficou em silêncio. Quando lhe perguntei por que ele tinha parado de escrever, ele explicou que não podia acreditar que a Guerra Fria havia terminado, mas que não sabia como argumentar que não havia. Mas alguns dos neocons já estavam respondendo com suas ideias ainda mais ambiciosas, e Podhoretz logo se juntou a eles. Os neocons argumentavam que havia chegado o momento de criar uma ordem mundial dominada pelos Estados Unidos. Ao invés de cortar gastos militares e bases no exterior, os Estados Unidos precisavam consolidar o seu poder em cada região do mundo e derrotar os inimigos restantes. Alguns deles chamavam isso de o "imperativo unipolar". A missão da política externa dos Estados Unidos deveria ser criar uma nova *Pax Americana*, eles exortavam, prevenindo qualquer outra nação ou grupo de nações de se tornar uma grande potência rival dos Estados Unidos. (Dorrien, 2004, tradução nossa)

Assim, além do termo "hegemonia", conceitos como "unipolaridade" e "império" passaram a se tornar frequentes no discurso neoconservador e indicavam como era enxergado o papel dos Estados Unidos no pós-Guerra Fria na perspectiva do neoconservadorismo. Em um famoso artigo intitulado "The unipolar moment" (O momento unipolar), Krauthammer (1990/1991) avaliava então que os Estados Unidos deveriam agir para prolongar aquilo que o autor enxergava como "o momento unipolar" do pós-Guerra Fria.

De acordo com Krauthammer, que escrevia nos primeiros momentos após a queda do muro de Berlim, o momento unipolar seria breve, visto que a ascensão de potências como Alemanha e Japão no cenário internacional parecia um fato incontestável. Após os ataques terroristas de 11 de setembro, Krauthammer (2002/2003) retornaria ao tema do artigo citado com "The unipolar moment revisited" [O momento unipolar revisitado], argumentando que esse evento teria acentuado a unipolaridade que, por sua vez, seria a configuração mais desejável no sentido da manutenção de uma ordem internacional pacífica e que, portanto, os Estados Unidos deveriam agir visando "à manutenção da unipolaridade" e a "sustentação da dominância norte-americana sem rivais no futuro previsto" (Krauthammer, 2002/2003, p.17). O autor afirmava então que "o momento unipolar tornou-se a era unipolar" (Krauthammer, 2002/2003). Mesmo antes dos eventos de 2001, Kagan e Kristol (2000) já argumentavam que o objetivo da política externa norte-americana deveria ser agir ativamente a fim de transformar o "momento unipolar" em uma "era unipolar".

Aliado ao discurso da unipolaridade, a ideia dos Estados Unidos como "império" também ganhava força no pensamento neoconservador. Kristol (1997) argumentava que os Estados Unidos estariam se tornando uma "nação imperial". Kagan (1998) leva esse argumento além, e defende a tese do "império benevolente",[11] segundo a qual os Estados Unidos seriam a única nação com capacidade para resolver crises internacionais, e que a ordem criada pelos Estados Unidos beneficiaria um maior número de países, traria mais justiça e prosperidade, sendo melhor do que qualquer outra alternativa disponível.[12] De acordo com Kagan (1998), uma das principais qualidades dos Estados Unidos desde sua emersão como potência global seria a identificação de seus próprios interesses com os interesses dos outros, o que levaria o país a relacionar a prosperidade e a segurança internacionais com as suas próprias. Assim, Kagan considera que "o domínio norte-americano" é de crucial importância "para a preservação de um nível razoável de segurança e prosperidade internacionais" (Kagan, 1998, p.34). Dessa forma, na argumentação do autor, seria desejável e natural, dada a configuração do sistema internacional, que os Estados Unidos perseguissem ativamente uma política que visasse à manutenção de sua posição de primazia internacional. Em um texto de 1996, intitulado "O emergente *imperium*

---

[11] Em artigo anterior, Kagan e Kristol (1996) já haviam proposto uma "hegemonia global benevolente" como estratégia para os Estados Unidos no pós-Guerra Fria. Tal estratégia se basearia no seguinte tripé: 1) aumento com gastos em defesa; 2) envolvimento maior da população civil em assuntos militares; e 3) "clareza moral", que se refletiria principalmente na perseguição de políticas de "mudança de regime" em nações não democráticas.
[12] Sobre a visão neoconservadora acerca do papel singular dos Estados Unidos no sistema internacional, ver especialmente Capítulo 2, item *America, the beautiful*, bem como Capítulo 4, item O lugar do neoconservadorismo.

americano",[13] Irving Kristol (1996) afirmava que os Estados Unidos haviam se tornado uma "nação imperial", não em virtude de uma "conspiração" ou "ambição" em particular, mas porque, de acordo com esse autor, "o mundo quis que isso acontecesse, precisou que isso acontecesse, e sinalizou isso por meio de uma longa série de crises relativamente menores que não poderiam ser resolvidas sem algum envolvimento norte-americano" (Kristol, 1996). É relevante notar que, mesmo durante a Guerra Fria, Kristol já se referia aos Estados Unidos como um império. Em um texto de 1967, por exemplo, o autor defendia que os Estados Unidos haviam então se tornado uma "potência imperial" (Kristol, 1967). Ainda que alguns autores, como Krauthammer (2004), rejeitem o uso específico do vocábulo "império", visto que os Estados Unidos não teriam pretensões de conquistar e ocupar territórios, a ideia é basicamente a mesma no sentido do termo tal como utilizado por Kristol e outros. Assim, para Krauthammer, os Estados Unidos não poderiam ser classificados como um império, mas como "uma república comercial com um poder global esmagador", responsável pela "custódia do sistema internacional" (Krauthammer, 2004, p.3).

É importante observar que esse período, que denominamos aqui como "morte" do neoconservadorismo, testemunhou o surgimento do que podemos chamar de uma nova geração de expoentes do pensamento neoconservador. Se os "pais fundadores" do neoconservadorismo foram figuras como Irving Kristol e Norman Podhoretz, alguns dos personagens mais proeminentes dessa nova geração são William Kristol, filho de Irving, Robert Kagan, Charles Krauthammer e Max Boot, entre outros. Debruçando-se em um contexto internacional completamente distinto daquele enfrentado durante a Guerra Fria, as análises da nova geração estão relacionadas principalmente à consideração do papel dos Estados Unidos em um cenário de unipolaridade, visando à manutenção de sua posição como única superpotência mundial – daí o surgimento de abordagens como a do "império benevolente". Entretanto, os componentes basilares do pensamento neoconservador em política externa, conforme apontaremos no Capítulo 3, permaneceriam os mesmos. Note-se que, ao contrário dos "pais fundadores" do neoconservadorismo, a nova geração não possui origens na esquerda norte-americana e, de forma geral, jamais foi ligada ao Partido Democrata. Assim, teoricamente, o prefixo "neo", no sentido que foi utilizado originalmente para elaborar o termo "neoconservador", não faria sentido, visto que agora estaria se tratando de conservadores desde o princípio. Entretanto, o termo já estava consagrado, e não seria mais abandonado.

---

[13] Mantivemos a palavra *imperium* no original para preservar a diferenciação com *empire* (império), visto que, no texto em questão, Kristol afirma considerar *imperium* "um termo mais sutil" do que *império*. Para Kristol, o termo *imperium* representa melhor a "mistura de dependência e autonomia" que caracterizaria, na sua visão, a relação dos Estados Unidos com a Europa.

RESSURREIÇÃO

A indagação que Irving Kristol fizera em 1996 – "onde estão nossos alienígenas?" – seria respondida em 11 de setembro de 2001. Os ataques terroristas aos Estados Unidos deram ao pensamento neoconservador o necessário inimigo ideológico – o "comunismo internacional" foi então substituído pelo "terrorismo internacional". Segundo Robin:

> O 11 de setembro forçou os Estados Unidos a se reengajar no mundo, a assumir o fardo do império sem embaraçamento ou confusão. A missão dos Estados Unidos era agora clara para os conservadores: defender a civilização e a liberdade contra a barbárie e o terror. (Robin, 2004)

Em particular o neoconservadorismo, decretado morto na década anterior, reencontrara o seu norte, e via-se assim ressuscitado no início do novo século. Entretanto, o discurso estruturado durante sua "morte" não seria abandonado, e sim somado ao novo cenário. Assim, "o 11 de setembro deu aos neoconservadores a oportunidade de articular, sem embaraço, a visão do poder imperial norte-americano que eles defendiam havia anos" (Robin, 2004). Dessa forma, junto ao discurso da unipolaridade e do "império global benevolente" construído no período anterior, recuperou-se o discurso do inimigo ideológico perdido com o final da Guerra Fria.

Para Krauthammer, a partir dos ataques de 11 de setembro teria havido um entendimento de que

> [...] o sucessor dos grandes debates ideológicos do século XX apresentou-se a nós, que, assim como o comunismo era o sucessor do fascismo, no sentido de que a Guerra Fria foi a sucessora da Segunda Guerra, a guerra ao terrorismo era agora a sucessora daquelas grandes disputas ideológicas. (Krauthammer, 2003)

Logo, o novo inimigo já estava identificado, e nas mesmas bases do que anteriormente representava o comunismo para os Estados Unidos, ou seja, como "uma ameaça existencial", interpretada do ponto de vista neoconservador como uma continuidade da disputa ideológica durante a Guerra Fria, com a substituição da ameaça: "Hoje, no pós-11 de setembro, nós nos encontramos em uma disputa existencial similar, mas com um inimigo diferente: não o comunismo soviético, mas o totalitarismo árabe-islâmico, tanto secular como religioso" (Krauthammer, 2004, p.14).

Rapidamente, a partir da perspectiva neoconservadora, a chamada "guerra ao terrorismo" passou a ser considerada como a "Quarta Guerra Mundial", em um contexto no qual a Guerra Fria é entendida como a terceira (Cohen, 2001; Podhoretz, 2002, 2004, 2005). Para Cohen:

A analogia com a Guerra Fria sugere alguns elementos-chave desse conflito: de que é, de fato, global; de que envolverá uma mistura de esforços violentos e não violentos; de que irá requerer uma mobilização de recursos, habilidades e conhecimento, até mesmo um grande número de soldados; de que pode durar um longo tempo; e de que possui raízes ideológicas. (Cohen, 2001)

Desta feita, o inimigo ideológico era identificado como sendo o "radicalismo islâmico e os Estados que originam, abrigam ou financiam seu armamento terrorista", cujo objetivo iria além da destruição física, visto que, "tal como os nazistas e comunistas antes dele, ele dedica-se à destruição de tudo de bom que os Estados Unidos representam" (Podhoretz, 2004, p.18). O terrorismo substituía o comunismo. Havia, contudo, uma diferença crucial em relação à configuração do sistema internacional entre esses períodos – se a luta contra o comunismo deveria ser travada em um contexto de bipolaridade, o terrorismo seria enfrentado em uma situação na qual os Estados Unidos eram a única superpotência global, responsáveis tanto por sua própria segurança como pela manutenção de uma ordem internacional compatível com seus interesses.

Portanto, aliado ao discurso do "império" norte-americano construído após a Guerra Fria, reforçou-se um elemento importante, visto que agora a própria segurança norte-americana era interpretada como tendo sido colocada em risco, ou seja, além de defender a ordem liberal mantida pelos Estados Unidos, "desde 11 de setembro, outro argumento a favor do imperialismo tomou a dianteira: segurança nacional" (Boot, 2003a).

Assim como Kagan (1998) e Kristol (1997), Boot também (2003a) considera que os Estados Unidos deveriam assumir-se como "império". Para Boot, os Estados Unidos sempre foram um império, "pelo menos desde 1803, quando Thomas Jefferson comprou o território da Louisiana" (Boot, 2003a). Ao contrário do imperialismo europeu, no entanto, Boot considera os Estados Unidos um "império liberal", cujo objetivo central seria "instilar a democracia em terras que conheceram a tirania, na esperança de que isso acarretará um curto-circuito no terrorismo, nas agressões militares e na proliferação de armas" (Boot, 2003a). Dessa forma, com os ataques terroristas de 11 de setembro, a questão passa a ser "se, agora tendo sido atacados, nós agiremos como uma grande potência deveria" (Boot, 2001). Assim, para esse autor, "a resposta mais realista ao terrorismo é os Estados Unidos assumirem seu papel imperial" (Boot, 2001). Nessa direção, Boot chega inclusive a defender a instalação de um "escritório colonial", a fim de melhor administrar a reconstrução de países ocupados pelas forças norte-americanas (Boot, 2003b).

2
FILOSOFIA POLÍTICA DO NEOCONSERVADORISMO

A tentativa de se delinear o que seria uma filosofia política do neoconservadorismo dentro dos propósitos deste livro traz o risco de se incorrer em dois problemas principais. Primeiro, o da superficialidade e generalização. Como essa análise pretende ser extremamente abreviada, provavelmente também será superficial. Além disso, a falta de aprofundamento maior nesse tema específico pode levar ao risco de se fazer generalizações que análises mais profundas evitariam. O segundo problema seria afastar-se do tema central desta obra, desviando-se da questão da política externa.

Entretanto, ainda que se levem em conta tais problemas, acreditamos ser importante propor tal tarefa com a finalidade de construir um quadro do pensamento neoconservador em geral, que evidentemente terá impacto no momento em que tal pensamento se debruça sobre temas de política externa. Mais do que isso, acreditamos que o entendimento da postura neoconservadora em política externa passa necessariamente pela compreensão de seu pano de fundo filosófico mais amplo e, por isso, faz-se necessário esse interregno antes de avançar para a análise mais específica dos temas. Como apoio inicial a essa tentativa de configuração da filosofia política do neoconservadorismo, serão utilizadas as análises acerca da filosofia política do conservadorismo clássico, a fim de determinar quais as principais diferenças podemos apontar.

Note-se que, a despeito da comparação empreendida nesta seção, não se está assumindo aqui que o conservadorismo clássico é o tipo de conservadorismo encontrado na realidade política norte-americana. De fato, a afirmação inversa seria mais próxima da verdade. Nas palavras de Wright Mills:

[...] o conservadorismo clássico precisou sempre do encantamento da tradição entre os elementos que sobreviveram das sociedades pré-industriais, como a aristocracia de nobres, o campesinato, a pequena burguesia com herança de corporações – precisamente o que a América jamais teve. Pois, na América, a burguesia vem dominando desde o início – em classe, em *status* e em poder. Na América não houve nem pode haver uma ideologia conservadora do tipo clássico [...] Nem Burke nem Locke são a fonte da ideologia que a elite americana possa julgar realmente adequada. (Mills, 1968, p.383-4)

Por essa razão, Huntington (1999/2000) avalia que o conservadorismo clássico teve impacto muito limitado nos Estados Unidos. Para o autor, o conservadorismo norte-americano é uma forma conservadora de liberalismo, que Huntington denomina "conservadorismo doutrinário", ligado à defesa do livre comércio e da iniciativa privada, sendo ideologicamente próximo ao que é classificado como liberalismo na Europa (Huntington, 1999/2000, p.33). Smith (2002) argumenta que os Estados Unidos possuem uma arraigada tradição liberal que dá a esse país um elemento de continuidade na política externa desde a sua fundação. Em uma importante obra, Hartz (1955) aprofunda essa argumentação e afirma ainda que, nos Estados Unidos, a única tradição desenvolvida é a tradição liberal, o que desemboca no que o autor classifica como um "absolutismo liberal". Feita essa importante ressalva, registre-se que não é da pretensão deste livro aprofundar-se nesse tema, visto que a intenção aqui não é propriamente efetuar uma comparação entre o conservadorismo clássico e o neoconservadorismo, mas utilizar-se das análises consagradas acerca da filosofia política do conservadorismo clássico como suporte na tentativa de construir uma análise da filosofia política do neoconservadorismo.

MODERNIDADE, POLÍTICA E RELIGIÃO

Uma das principais características do conservadorismo é uma postura histórica que privilegia o que Nisbet (1987) chama de "recurso ao passado" ou, ainda, "fidelidade ao passado". De acordo com esse autor, "é na confiança da experiência mais do que no abstrato e no poder dedutivo em questões de relações humanas que o conservadorismo baseia a sua fé na história" (Nisbet, 1983, p.48). O conservador olha para o passado em busca de modelos, de um terreno firme no qual ele pode encontrar "um vasto e maravilhoso laboratório para o estudo dos êxitos e dos insucessos na longa história do homem" (Nisbet, 1983, p.41-2). Assim, enquanto o liberal ou o radical (ou, ainda, o jacobino) prometem o futuro, o conservador apega-se ao passado em busca do "exemplo histórico de boa sociedade" (Nisbet, 1987, p.40). Configuram-se, assim, dois campos opostos, nas palavras de Kirk (1953), da "conservação" e da "inovação". Essa característica da tradição conservadora faz com que normalmente exista uma relação conflituosa com as consequências da modernidade, refletida frequentemente em "uma resignação de espírito perante o poder esmagador da modernidade" (Nisbet, 1987, p.40). Dessas constatações, segue-se que, para a tradição conservadora, o progresso histórico deve dar-se por meio de reformas graduais e não por via de revolução, visto que é apenas a partir de mudanças lentas que se conserva a sociedade (Kirk, 1953). Assim, não existe espaço dentro da filosofia conservadora clássica para indivíduos voluntaristas com pretensões de alterar o que os conservadores veem como o curso natural da história. Conforme Nisbet:

> A História, para os conservadores, tem sido em grande parte aquela mesma espécie de força que é a seleção natural para os evolucionistas biológicos. Não existiu ainda nenhum indivíduo, nem pode vir a existir, diz o evolucionista, com os poderes de decisão capazes de criarem a espécie. É a ação dos processos de seleção por meio do acaso, por meio de repetidas experiências e erros, que por si só torna possível o esplendor do mundo biológico. Na seleção evolutiva está implícita uma sabedoria imensamente superior a qualquer sabedoria imaginável em um homem. Os esforços dos educadores para fazerem mais do que operar *com* estes processos naturais de mudanças e desenvolvimento são manifestamente ridículos. (Nisbet, 1987, p.55-6)

Outra característica importante a se destacar acerca da tradição conservadora é a que se refere ao papel dos chamados estratos intermediários. Consideram-se estratos intermediários um terceiro elemento estrutural, que se coloca entre o indivíduo e o Estado, incluindo grupos como a Igreja, a família, as associações e as classes sociais (Nisbet, 1987). Para Nisbet, um aspecto fundamental presente na crença conservadora é "o direito – vindo do desenvolvimento histórico e social – à sobrevivência de toda a estrutura intermédia da nação contra as marés do individualismo e do nacionalismo" (Nisbet, 1987, p.47).

Assim, a crença em um curso natural da história e a ênfase nos estratos intermediários tendem a diminuir o papel da política no raciocínio conservador. Um dos principais pilares do conservadorismo, para Kirk (1953), é que os problemas políticos são entendidos como, na verdade, problemas morais e religiosos, visto que a racionalidade pura e simples não seria capaz de satisfazer as necessidades humanas. Desse modo, o conservador normalmente tende a priorizar a história, a cultura ou a economia em detrimento da política.

Destacamos, portanto, duas características importantes acerca da filosofia política do conservadorismo. A primeira é uma "fé na história", que leva a uma atitude que poderíamos classificar como antimoderna ou antiprogressista, de resistência a mudanças bruscas e oposição ao voluntarismo. A segunda enfatiza o papel dos estratos intermediários, procurando protegê-los concomitantemente da influência do Estado Nacional e dos perigos do individualismo. Constatamos também que essas características têm como corolário uma postura que negligencia a importância da política como forma de satisfazer as aspirações humanas. Ambas as características, e seu corolário, parecem não se aplicar no que tange ao neoconservadorismo.

Ao contrário do conservadorismo tradicional, o neoconservadorismo não aspira a uma filosofia da antimodernidade. Para Gove, o neoconservadorismo desenvolve-se como "resposta à democracia e à modernidade. Ele celebra ambos, como frutos da criatividade humana, ao invés de considerá-los como uma preocupação pesarosa" (Gove, 2004, p.283). Kristol procura realçar essa característica ao afirmar que "o que é 'neo' ('novo') nesse conservadorismo é que ele é decididamente livre de nostalgia. Ele também reclama o futuro – e é esse clamor, mais do qualquer outra coisa, que leva seus críticos da esquerda a algo que se aproxima de um frenesi de denúncias" (Kristol, 1983, p.xii). Portanto, para Kristol, o pensamento neoconservador seria uma "estranha criatura", na medida em que defenderia um "conservadorismo orientado para o futuro, [...] a política da esperança ao invés da preservação" (Kristol, 1985a). Assim, o neoconservadorismo procura recuperar o papel da ideologia, trazendo-a para dentro do conservadorismo, a partir do entendimento de que na luta política moderna "a questão-chave é: a quem pertence o futuro?" (Kristol, 1983, p.253), à qual Kristol acrescenta:

> Não é uma questão que os conservadores, que sempre basearam suas reinvidicações de autoridade política na posse do passado, sintam-se confortáveis [...] Em contraste, os modernos movimentos de esquerda – sejam comunistas, socialistas ou liberais (isto é, social-democratas) – possuem a imensa vantagem de serem ideológicos em sua essência. Ou eles possuem o futuro ou não possuem nada. (Kristol, 1983)

Por conseguinte, uma característica distintiva do neoconservadorismo é uma priorização muito maior do papel da política na modernidade do que a oferecida pelo conservadorismo tradicional. Para Kristol, os "neoconservadores acreditam – assim como a esquerda – que a política sempre possui um grau de prioridade sobre a economia, e que na política externa isso é especialmente verdadeiro" (Kristol, 1983, p.xiii). Para Wolfson (2004) – que identifica três principais abordagens conservadoras que teriam tomado forma nos Estados Unidos a partir da Segunda Guerra Mundial: tradicionalistas, libertários e neoconservadores – a principal distinção do neoconservadorismo em relação às outras duas abordagens é justamente em relação ao papel da política:

> Tanto para o tradicionalista quanto para o libertário, e em contraste com o neoconservador, a política tem importância secundária. Os tradicionalistas acreditam que a cultura ou a história são os principais fatores nas relações humanas; para os

libertários, é a economia. E, portanto, não surpreende que eles frequentemente pareçam não ter muita afinidade pela vida democrática moderna. É na apreciação do neoconservadorismo pela política em geral e pela política da democracia em particular que sua característica singular pode ser encontrada. (Wolfson, 2004, p.222)

De acordo com Wolfson, "de forma geral, tradicionalistas olham para Edmund Burke, libertários, para Adam Smith ou (mais recentemente) para Friedrich Hayek, e os neocons, para Alexis de Tocqueville" (Wolfson, 2004, p.216). Destaque-se que Kristol também ressalta o papel do pensador francês ao afirmar que os neoconservadores "tendem a buscar um guia intelectual na sabedoria democrática de Tocqueville" (Kristol, 2004, p.35). A menção a Tocqueville se dá tanto para afastar o neoconservadorismo dos pensadores conservadores tradicionais, como para enfatizar a importância da democracia para esse pensamento, como será analisado no capítulo seguinte.

Dessa forma, ao enfatizar o papel da política na modernidade e buscar uma disposição pró-moderna, o neoconservadorismo, ainda que não negligencie o papel dos estratos intermediários, tende a dar mais importância ao Estado do que os conservadores tradicionais. Na verdade, na concepção de Kristol, o neoconservadorismo procura utilizar-se do Estado a fim de "incorporá-lo às predisposições *conservadoras* das pessoas [...] Governo limitado, da forma como os neoconservadores o enxergam, não é oposto de governo ativo" (Kristol, 1983, p.xii-xiii, grifo do autor). Os neoconservadores, portanto, "acreditam nos méritos do governo forte assim como aceitam a importância do governo limitado" (Gove, 2004, p.286).[1] Diante disso, para que o Estado adapte-se às "predisposições conservadoras" da sociedade, ele deveria colocar-se na defesa dos valores tradicionais da sociedade, da família e da religião, incluindo, por exemplo, a censura. Conforme colocado por Kristol, em um texto no qual defende a censura nos casos de "pornografia e/ou obscenidade", "se você se importa com a qualidade de vida em nossa democracia americana, então você deve ser a favor da censura" (Kristol, 1983, p.51).

Nesse ponto, fica evidente a influência do elemento moral/religioso para Kristol, o que, de acordo com esse autor, estabeleceria uma importante diferença entre o conservadorismo norte-americano e o neoconservadorismo – para o primeiro, a questão econômica detém primazia, ao passo que, para

---

[1] Disso decorre que originalmente os neoconservadores não se opunham ao Estado de bem-estar social. Para Glazer, essa é uma característica distintiva do neoconservadorismo, na medida em que, no entendimento do autor, "se não tivéssemos defendido os principais programas sociais, do Seguro Social ao *Medicare*, não haveria necessidade do 'neo' antes de 'conservador'" (Glazer, 2005). Kristol sugere a constituição de um "Estado de bem-estar social conservador" que seria "consistente com os princípios morais básicos de nossa civilização e os princípios políticos básicos de nossa nação" (KRISTOL, 2004b, p.145).

o segundo, o elemento moral é mais importante. Note que Schlesinger Jr. (1992), ao tratar da relação entre o que o autor classifica como "conservadorismo econômico" e o "moralismo evangélico" nos Estados Unidos, afirma: "Um grupo compraz-se com a sociedade permissiva enquanto outro pede sua abolição. No que toca à economia, os conservadores querem apear o governo das nossas costas, ao passo que os moralistas evangélicos querem pôr o governo nas nossas camas" (Schlesinger Jr., 1992, p.43). Nesse sentido o neoconservadorismo, ao menos no que concerne às suas origens, encontra-se muito mais próximo do campo denominado por Schlesinger de moralismo evangélico. Não é à toa que Kristol considera a religião o mais importante pilar do que o autor chama de "conservadorismo moderno" (que, na verdade, é uma referência do autor ao neoconservadorismo) ao lado do crescimento econômico e do nacionalismo (Kristol, 1993). Na análise de Kristol, a importância da religião deve-se ao fato de ser este o principal instrumento no sentido de moldar o caráter humano e ensinar a distinção entre o que seria certo e o que seria errado (Kristol, 1993). Para Kristol, a emergência da direita religiosa nos Estados Unidos teria sido responsável por tornar o conservadorismo um movimento popular naquele país – "uma vibrante realidade política" – ao sair do foco meramente econômico (Kristol, 1995b). Dessa forma, o autor avalia que a religião é um elemento fundamental no combate ao que caracteriza como a "desmoralização" da política e da cultura norte-americanas (Kristol, 1995b). Assim, no que concerne à realidade política dos Estados Unidos, Kristol dirige críticas ao Partido Democrata por avaliar que este defenderia que a moral não deve ser levada em consideração nas questões políticas, contrapondo-se, por conseguinte, a questões de natureza religiosa e dando margem ao que o autor considera uma excessiva permissividade (Kristol, 1994). Do mesmo modo, Kristol busca chamar a atenção do Partido Republicano para incorporar definitivamente os conservadores religiosos que, para o autor, seriam responsáveis pelo surgimento de uma "nova era" na política norte-americana (Kristol, 1994).

VIRTUDE E VOLUNTARISMO

Na tentativa de combater, por meio de vias políticas, aquilo que era percebido pelos neoconservadores como uma decadência de valores que poderia colocar em risco a própria democracia norte-americana, destaca-se outro elemento importante no entendimento da filosofia política do pensamento neoconservador – a ênfase na necessidade de restabelecer a "virtude" na prática política.[2]

---

[2] No sentido aqui utilizado, entende-se como virtude um conjunto de valores que determinada sociedade – no caso a norte-americana – entende como modelares. Gove cita como exemplos "prudência, trabalho duro, fidelidade no casamento e honestidade no trato social" (GOVE,

Para Williams (2005), essa característica é absolutamente central para o entendimento da abordagem neoconservadora em relações internacionais. De acordo com Kristol, a ideia original de democracia envolveria a obrigação de educar a população "no que se costumava chamar de 'virtude republicana'", visto que a ideia de autogoverno estaria fundamentalmente relacionada ao "caráter das pessoas que governam" (Kristol, 1983, p.51). Nessa direção, Williams afirma que tal conceito de virtude estaria na própria fundação da república norte-americana, de modo que "a virtude republicana não é, para os neoconservadores, uma ideia abstrata – é o núcleo da ideia americana" (Williams, 2005, p.316-7). Gove possui um ponto vista idêntico, e ressalta que "a ênfase neoconservadora em uma cultura política que enfatize a virtude reflete a dinâmica essencial no coração do pensamento neoconservador" (Gove, 2004, p.286). Para Williams (2005), o destaque que o neoconservadorismo empresta à questão da virtude resulta em duas estratégias complementares. Primeiro, um esforço em relacionar a virtude republicana com o ideal nacional norte-americano, de forma a explicitar os alegados perigos associados à degradação de valores morais e ao niilismo individual e social. A segunda estratégia é a exigência neoconservadora de um comprometimento com ideais, conferindo um caráter heroico ao significado dos Estados Unidos como nação, e que seja capaz de mobilizar a sociedade tanto no plano doméstico como no internacional.

A ênfase na importância da política e da virtude tende a abrir espaço para um voluntarismo que interferiria no que os conservadores tradicionais inferiam como o curso natural da história. Para Weinstein, por exemplo, "indivíduos com espírito público podem fazer uma profunda diferença ao dar forma ao destino do homem" (Weinstein, 2004, p.212). Donald Kagan (2000) afirma que é a "vontade", e não o "resultado de uma circunstância histórica", o principal fator que mantém a liderança dos Estados Unidos no cenário internacional. Para o autor, "a chave para o sucesso na Guerra Fria foi a vontade dos Estados Unidos" (Kagan, 2000, p.360). Da mesma maneira, Krauthammer argumenta que a "a força e a vontade dos Estados Unidos" (Krauthammer, 1990/1991, p.33) seriam os elementos fundamentais para a manutenção da segurança internacional. Dessa forma, desenha-se uma postura que acredita que a história pode ser alterada com a correta aplicação de força e vontade. Dado o contraste com o que ficou consagrado como a posição conservadora tradicional, o neoconservadorismo chegou a ser classificado por alguns críticos como "neojacobinismo" (Ryn,

---

2004, p.286). A ideia de "virtude republicana" liga-se, assim, a um conjunto de valores associados ao que seria o bom funcionamento de uma república, entendida como uma forma de autogoverno, na qual os cidadãos são parte de uma comunidade política compartilhando responsabilidades na condução do país. Essa ideia remonta aos trabalhos de autores como Montesquieu e Locke, e era presença constante nos discursos dos "pais fundadores", como Thomas Jefferson e John Adams. Para uma análise detalhada desse tema, ver Shalhope (1972, p.49-80).

2003). Fukuyama (2006) detecta uma visão de história de cunho leninista no pensamento neoconservador, que enxergaria a história como algo que pode ser transformado pelo poder e pela vontade, ao invés do produto de um processo de evolução social.[3] Essa disposição em promover a mudança no processo histórico leva a algumas análises que classificam o neoconservadorismo não como um tipo de conservadorismo, mas sim como uma postura política diametralmente oposta, relacionada mesmo a uma espécie de radicalismo. Assim, Rose avalia que "os neoconservadores – assim como seus primos liberais – são frequentemente muito radicais" (Rose, 1999/2000, p.41). Na avaliação de Mearsheimer, "o termo neoconservador parece uma denominação imprópria quando se consideram o escopo e a ambição da política externa que os neoconservadores prescrevem para os Estados Unidos" (Mearsheimer, 2005).

AMERICA, THE BEAUTIFUL

A priorização da política, a recuperação do papel da "virtude republicana" e determinada concepção voluntarista da história combinam-se entre si e somam-se a um elemento determinante para a postura neoconservadora em política externa – a ideia dos Estados Unidos como uma força progressista, fundada a partir de valores considerados universais, e que, portanto, não se limitariam às fronteiras nacionais (Williams, 2005). Para Dorrien, "a marca característica do neoconservadorismo era e é sua fé radical de que o uso máximo do poder norte-americano é bom para os Estados Unidos e bom para o mundo" (Dorrien, 2004). Mead aponta que, "para os neoconservadores, [...] o poder norte-americano é em si o *summum bonum* da política mundial" (Mead, 2004, p.90).[4] Essa visão parte do princípio de que os "pais fundadores" dos Estados Unidos enxergavam a nação não como um fim em si mesmo, mas como um meio para realizar seus ideais de liberdade – tal visão teria então passado naturalmente para a política externa do país, o que tornaria os Estados Unidos uma força para o bem do mundo, já que esse país atuaria a fim de defender tais ideais no campo internacional (Bennett, 2000). O país não seria então "uma nação tradicional", mas "a personificação de uma ideia" (Ledeen, 1996). Portanto, constrói-se dessa maneira uma perspectiva que tende a atribuir aos Estados Unidos uma espécie de

---

[3] Nesse mesmo texto, Fukuyama, que era considerado um dos principais expoentes do pensamento neoconservador moderno, anuncia que o "neoconservadorismo, tanto como símbolo político como um modo de pensamento, evoluiu para algo que eu não posso mais apoiar" (Fukuyama, 2006). Nas considerações finais deste livro, faremos algumas observações acerca desse ponto.

[4] *Summum bonum* é uma expressão latina comumente usada na filosofia cristã, e que pode ser traduzida como "o bem supremo".

missão civilizadora no mundo, dada a "superioridade da civilização norte-americana" (Bennett, 2000). A ideia do "excepcionalismo" norte-americano é assim reforçada e levada a seu limite.⁵

Desse modo, a postura neoconservadora liga-se necessariamente a um sentimento patriótico, a partir da constatação da suposta singularidade dos Estados Unidos diante das demais nações. Assim, na política externa, o neoconservadorismo busca unir uma postura internacionalista a um sentimento nacionalista, "transcendendo a antiga polaridade isolacionista-internacionalista" em que o isolacionismo "sempre foi nacionalista em seu temperamento, enquanto os internacionalistas sempre operaram a partir de um ponto de vista global" (Kristol, 1983, p.245). Portanto, para Kristol, "o neoconservadorismo não é meramente patriótico – isso é desnecessário dizer –, mas também nacionalista. O patriotismo deriva do amor pelo passado da nação; o nacionalismo surge a partir da esperança pelo futuro da nação e sua *grandeza peculiar*" (Kristol, 1985a, p.xiii, grifo nosso). O patriotismo norte-americano teria então uma qualidade singular, diferente das demais nações, pois seria um patriotismo não baseado no território, mas em ideais e princípios universais, representados pela própria constituição dos Estados Unidos. De acordo com Bennett:

> [...] a própria nação americana foi fundada em circunstâncias excepcionais e na excepcional declaração de *princípios eternos*. Posto de forma simples, os Estados Unidos foram a primeira nação a basear seu senso de nacionalidade em um conjunto de *princípios universais* derivados de direitos naturais, tal como enunciado na Declaração de Independência. (Bennett, 2000, p.290, grifo nosso)

Kagan e Kristol utilizam argumentos idênticos ao afirmar que o nacionalismo norte-americano é característico, pois não seria um "nacionalismo insular, com base no sangue e no solo, mas um que provém seu significado e coerência do fato de estar enraizado em *princípios universais* enunciados primeiro na Declaração de Independência" (Kagan; Kristol, 2000, p.23, grifo nosso). Para Krauthammer, os Estados Unidos são "uma nação construída singularmente não por sangue, raça ou consanguinidade, mas por uma proposição – para a qual sua honra tem sido empenhada por dois séculos" (Krauthammer, 2004). Deste ponto de vista, a democracia é vista não como uma entre outras técnicas de governo, mas como um *valor* em si. Assim, o pensamento neoconservador reporta-se a determinada visão acerca das origens dos Estados Unidos, que enxerga esse país como portador de valores universais, para combinar, de forma muito particular, um sentimento nacionalista com predisposição internacionalista a defender ativamente tais valores.

---

⁵ Sobre a ideia do "excepcionalismo" norte-americano, ver o Capítulo 1.

A IMPORTÂNCIA DO LÍDER

A partir dessas concepções, o pensamento neoconservador ressalta a importância de uma liderança capaz de representar e articular esses valores tanto no plano doméstico como no internacional, e que seja capaz de mesclar "a necessidade do momento" com os "objetivos estratégicos e ideais morais" norte-americanos (Wolfowitz, 2000, p.334). De fundamental relevância é a exigência de que o próprio líder seja capaz de incorporar e refletir esses valores a fim de mobilizar o apoio político necessário para a consecução dos objetivos perseguidos. Destaca-se assim a centralidade de questões como, por exemplo, o "caráter" presidencial. Para Bennett:

> Não é menos verdade hoje do que era no tempo de Washington, que o caráter do presidente é de importância suprema na condução da política externa, tanto pelo respeito que inspira domesticamente – congregando as pessoas para a altivez, ao mesmo tempo em que expressa os desejos e as aspirações das pessoas em relação à nação – como pelo respeito que inspira internacionalmente, tanto em relação aos amigos quanto aos adversários. (Bennett, 2000, p.298)

O líder, que internamente deveria ser capaz de mobilizar o apoio da população civil, internacionalmente teria a responsabilidade de assumir e fortalecer o papel da própria nação norte-americana como líder no sistema internacional, visto que, do ponto de vista neoconservador, "quando os Estados Unidos falham em liderar, causam confusão na aliança atlântica e prejudicam sua reputação no mundo" (Gedmin, 2000, p.181). De fundamental importância na ótica do neoconservadorismo é a capacidade de os estadistas identificarem claramente amigos e inimigos. Nas palavras de Kristol: "os estadistas deveriam possuir, acima de tudo, a habilidade de distinguir amigos de inimigos" (Kristol, 2004a, p.36). Assim, a partir da necessidade de uma clara distinção entre amigo e inimigo, os Estados Unidos deveriam "assegurar corajosamente apoio aos nossos amigos e opor-se com igual coragem aos nossos inimigos" (Abrams, 2000, p.239).[6]

Claramente, essa ênfase na liderança e na coragem relaciona-se com a importância da ideia de virtude mencionada anteriormente neste capítulo. Mais do que isso, do ponto de vista neoconservador, o líder ainda deve ser capaz não apenas de mobilizar apoio para o empreendimento de ações que

---

[6] Pode-se argumentar que a ênfase neoconservadora na distinção entre amigo e inimigo tem grandes semelhanças com a conceituação schmittiana do político. Para Schmitt, "a distinção especificamente política a que podem reportar-se as ações e os motivos políticos é a discriminação entre *amigo* e *inimigo*" (SCHMITT, 1992, p.51). A importância da existência de um inimigo para o pensamento neoconservador é tão central que, na ausência deste, após a Guerra Fria, o neoconservadorismo chegou a ser decretado morto, conforme indicado no Capítulo 1.

visem à manutenção da paz e da ordem mundial, ao mesmo tempo em que garante a preeminência norte-americana, mas também ter a capacidade de *antecipar* os eventos antes que eles ocorram de fato. Bennett, por exemplo, argumenta que "a tarefa dos líderes norte-americanos é manter uma visão de longo prazo e antecipar como os eventos de desdobrarão no futuro" (Bennett, 2000, p.302). Wolfowitz considera que "a solidez das decisões de política externa depende do quanto se consegue antecipar e também influenciar o futuro" (Wolfowitz, 2000, p.316).[7] Kagan e Kristol avaliam que o papel dos estadistas norte-americanos não é apenas "esperar a chegada da próxima ameaça, mas sim moldar o ambiente internacional para prevenir que tais ameaças emerjam em primeiro lugar", antecipando-se, dessa forma, à concretização de possíveis ameaças (Kagan; Kristol, 2000, p.12).

A importância dada pelo pensamento neoconservador no que diz respeito à questão da liderança acaba por levar à busca do que seriam exemplos de estadistas a serem considerados arquétipos. E nessa busca, apesar de muitos analistas apontarem para Woodrow Wilson (por exemplo, Mead, 2001, 2004), aparentemente o nome mais frequentemente reverenciado é o de Theodore Roosevelt (Boot, 2004; Stelzer, 2004; Kagan; Kristol, 2000; Kristol, 2004a, 1996). Para Stelzer, "os neoconservadores fizeram do presidente uma espécie de herói que instava os norte-americanos a falar manso e carregar um grande porrete" (Stelzer, 2004, p.9). De acordo com Kristol, uma característica da postura neoconservadora é que ela "é nacionalista e unilateralista, olhando mais para Theodore Roosevelt do que para Woodrow Wilson" (Kristol, 1996).[8] Recentemente, Ronald Reagan é considerado um ponto de referência para o neoconservadorismo (Kagan; Kristol, 1996; Kristol, 1985a, 2004a; Bennett, 2000; Lowry, 2005; Boot, 2004). Nas palavras de Bennett:

> Em um momento crítico da história de nossa nação, Reagan foi a personificação das aspirações mais nobres dos americanos. Ele era um nacionalista americano, o que quer dizer que ele acreditava que o destino dos Estados Unidos era ser uma força para o bem do mundo. (Bennett, 2000, p.304)

Finalmente, também são frequentes as citações a Harry Truman (Wolfowitz, 2000; Boot, 2004; Kagan, 2002; Kagan; Kristol, 2000; Podhoretz, 2004) e, menos frequentemente, Franklin Roosevelt (Boot, 2004; Kristol, 2004a). Truman é citado especialmente por seu ativo combate ao comunismo internacional, simbolizando o começo da Guerra Fria após a declaração da chamada

---

[7] Podemos afirmar que essa capacidade de antecipar o futuro relaciona-se também com a defesa neoconservadora de guerras preventivas, que será abordada no Capítulo 3.
[8] A relação do neoconservadorismo com o que ficou conhecido como "wilsonianismo" será explorada no Capítulo 4.

Doutrina Truman, que marcou o início de uma postura mais agressiva em relação à União Soviética, e por ter iniciado a reconstrução do Japão e da Alemanha sob governos democráticos. As alusões a Franklin Roosevelt são feitas principalmente em virtude da liderança do presidente norte-americano ao conduzir os Estados Unidos na Segunda Guerra Mundial.

A INFLUÊNCIA DE STRAUSS – UMA QUESTÃO EM ABERTO

Antes de finalizar essas breves considerações, é precípuo observar que, nas análises recentes acerca da filosofia política do neoconservadorismo, são muito frequentes as alusões a uma influência decisiva do intelectual conservador Leo Strauss, de origem alemã e judaica (Steinberg, 2003; Postel, 2003; Lobe, 2003; Rozen, 2003; Atlas, 2003; Pfaff, 2003), morto em 1973, que migrou para os Estados Unidos para fugir do holocausto. Os escritos de Strauss refletiam uma crítica à modernidade e urgiam a recuperação dos filósofos clássicos, pré-modernos, pré-iluministas. Conforme Kristol, "na batalha entre os antigos e os modernos, ele estava do lado dos antigos" (Kristol, 1995a, p.6). Credita-se a popularização da abordagem filosófica straussiana nos Estados Unidos principalmente por intermédio de um de seus alunos, Allan Bloom, com o livro *The Closing of American Mind*, de 1987. Na avaliação de Atlas,

> Seu incendiário *best-seller* argumentava que a democracia tal como praticada pelos gregos representa a mais alta forma de civilização. A sociedade livre é o melhor legado do homem. Mas a densa e por vezes inescrutável polêmica de Bloom não era um chamado à ação; era uma celebração dos clássicos como uma força civilizadora. (Atlas, 2003)

Bloom procurava, assim, espelhar o pensamento de Strauss, que era um estudioso e admirador de, entre outros filósofos antigos, Platão. Este, por sua vez, defendia o primado da virtude na política e, em uma de suas passagens, menciona a importância do que ficou conhecido como uma "nobre mentira" à qual os reis filósofos deveriam recorrer a fim de manter a harmonia da sociedade (Pappas, 1996). Essa passagem é frequentemente citada pelos críticos do neoconservadorismo que atribuem influência decisiva da filosofia straussiana nesse pensamento.[9] Para Pfaff, a princi-

---

[9] Esse argumento tornou-se especialmente popular a partir dos estudos de Shadia Drury. Para uma análise contundentemente crítica de Strauss e sua suposta influência no pensamento neoconservador, ver: Drury (1999). Muitos, como Mark Blitz (2003), afirmam que a análise de Drury distorce o pensamento de Strauss.

pal influência de Strauss no pensamento neoconservador seria "que seu elitismo representa uma racionalização para um oportunismo político, e para 'mentiras necessárias' contadas àqueles para os quais a verdade traria desordem" (Pfaff, 2003). Aqueles que enxergam Strauss como uma influência importante, mas a partir de um viés positivo, preferem enfatizar seu pensamento no que diz respeito a temas como a defesa da ideia de virtude e da democracia ocidental, e à crítica a regimes tirânicos (Blitz, 2003; Boot, 2004; Weinstein, 2004). Outras análises apontam para a importância, no pensamento straussiano, da ideia de que a natureza do regime influencia o comportamento dos Estados, o que daria uma base filosófica para a defesa do *"regime change"*, por parte dos neoconservadores (Rozen, 2003; Schmitt; Schulsky, 1999; Lenzner; Kristol, 2003).

Entretanto, ainda que Irving Kristol o tenha mencionado como um dos pensadores que mais tiveram impacto em sua formação intelectual (Kristol, 1983, 1995a), e que alguns dos que defendem ideias neoconservadoras tenham sido alunos ou estudiosos de Strauss (Pfaff, 2003), deve-se ter o cuidado, a partir da perspectiva deste livro, de não superestimar seu impacto no pensamento neoconservador, especialmente no que diz respeito à política externa. Muravchick defende que é exagerada a importância atribuída a Strauss no pensamento neoconservador por parte de alguns analistas, e destaca o fato de que ele "não era um político, mas um filósofo cujo trabalho era dedicado a um aprofundamento do nosso entendimento acerca de pensadores antigos, e que raramente, ou mesmo nunca, se engajou em política contemporânea" (Muravchick, 2004, p.248). De acordo com Boot, "as concepções de Strauss inspiraram alguns dos primeiros neocons; poucos o leem hoje" (Boot, 2004, p.51). Daalder e Lindsay, que têm uma postura crítica em relação ao pensamento neoconservador, também minimizam a influência de Strauss e acrescentam que "a crença de Strauss de que as democracias ocidentais estariam a salvo das forças da tirania e sua rejeição ao relativismo moral, ainda que poderosamente argumentados, dificilmente podiam ser considerados originais" (Daalder; Lindsay, 2003, p.47).[10] Para Muravchick, a origem judaica de Strauss seria o motivo que levaria alguns

---

[10] No entanto, conforme demonstra a vasta bibliografia indicada, muitos analistas afirmam o contrário e, portanto, o debate permanece aberto. Conforme mencionado, Kristol cita Strauss como uma importante influência intelectual. Como indicação de pesquisas futuras, acreditamos que um estudo que visasse demonstrar a influência de Leo Strauss no pensamento neoconservador deveria investigar primeiro qual é, se é que existe, a *originalidade* de seu pensamento para a ciência política, para, a partir daí, verificar pontos de contato com o neoconservadorismo. Caso contrário, corre-se o risco de, por exemplo, confundir Strauss com Platão, ou com outro pensador estudado pelo filósofo alemão. Assim, tanto a "nobre mentira" quanto a defesa da virtude e a oposição à tirania não são criações straussianas. Note-se que este livro evitou associar o neoconservadorismo a qualquer pensador específico, visto que isso demandaria uma extensa pesquisa à parte.

críticos do neoconservadorismo a evocar seu nome (dada a alegação feita por esses de que o neoconservadorismo seria uma corrente de pensamento estruturada por "intelectuais judeus", conforme mencionado no Capítulo 1). Esse mesmo motivo, de acordo com o autor, levaria à menção de Leon Trotski, quem, apesar de em menor escala, também aparece com relativa frequência associado aos neoconservadores pelos seus críticos.[11]

---

[11] A origem esquerdista da primeira geração de neoconservadores e, mais especificamente, o fato de Irving Kristol também ter sido um trotskista na juventude são motivos a serem levados em consideração quando da evocação do líder russo por alguns críticos do neoconservadorismo. Para Lind (2004), a "revolução global democrática" que, de acordo com o autor, seria proposta pelos neoconservadores inspirava-se na ideia de "revolução permanente" de Trotski. Para Judis (1995), a influência trotskista se refletia no "conceito idealista de internacionalismo", que seria demonstrado pelo neoconservadorismo. Judis considera que o neoconservadorismo seria uma espécie de "trotskismo às avessas", na medida em que o último pretendia "exportar o socialismo", ao passo que o primeiro almejava "exportar a democracia" (Judis, 1995). Novamente, evitaremos aqui a associação do pensamento neoconservador a qualquer pensador em particular, ainda que pareça tentador. No entanto, é relevante observar que ideias relacionadas à "revolução global democrática", "exportação da democracia" ou ao "conceito idealista de internacionalismo" são pelo menos tão antigas quanto Wilson, presidente norte-americano contemporâneo de Trotski (ver Capítulo 1).

3
Principais temas do pensamento neoconservador em política externa

Assim como em outras correntes de pensamento, não se pode atribuir àqueles identificados como neoconservadores uma coesão absoluta em termos de posições em relação à política externa dos Estados Unidos. Dessa forma, a escolha dos tópicos aqui apresentados buscou determinado nível de generalização, visto que, quanto mais se particularizarem e detalharem posicionamentos, maior o risco de negligenciar posicionamentos distintos entre os neoconservadores. No entanto, da mesma forma, todas as correntes de pensamento são caracterizadas por determinado conjunto de ideias que permitem sua identificação e sua distinção em relação a outros conjuntos de ideias, algo que poderíamos classificar como um mínimo denominador comum. É esse denominador que se pretendeu buscar na identificação dos temas a serem explorados neste capítulo. Ou seja, pretende-se apresentar aqui um conjunto de princípios básicos que poderia servir como um panorama do pensamento neoconservador, mas que não necessariamente determina a posição dos neoconservadores acerca de assuntos específicos em política externa, pois isso seria retirar a possibilidade de debates e divergências dentro do próprio neoconservadorismo.

É importante acrescentar que muitos dos temas apresentados não são exclusividade do pensamento neoconservador, estando presentes de forma dispersa em outras linhas de pensamento de política externa nos Estados Unidos, mesmo porque o neoconservadorismo não está de forma alguma totalmente desconectado das tradições do país nesse campo.[1] Entretanto, acre-

---

[1] Esse é um importante debate que, aparentemente, permanece em aberto. Para uma abordagem que enfatiza fatores de continuidade nas políticas defendidas pelos neoconservadores, ver, por exemplo, Gaddis (2004). Para uma avaliação do neoconservadorismo como ruptura

ditamos que o conjunto das partes aqui apresentadas constitui um todo que parece suficiente para distinguir a abordagem neoconservadora em política externa de outras posições consagradas no espectro político norte-americano.

Destarte, identificamos e denominamos quatro temas essenciais do pensamento neoconservador em política externa, constantemente presentes de alguma forma desde seu aparecimento. São eles: unilateralismo, internacionalismo não institucional, democracia e poder militar. Trata-se de denominações genéricas que ensejam outros subtemas importantes a serem considerados dentro dos temas ora apresentados. Por exemplo, ao explorar a discussão sobre o unilateralismo, tópicos como hegemonia e unipolaridade serão considerados, assim como o tema da democracia leva à discussão sobre a importância do elemento moral no neoconservadorismo.

Destaque-se que nenhum dos temas subsiste separadamente dos demais – na verdade, os quatro se interconectam e, mais do que isso, são consequência um do outro. Assim, uma postura de política externa com base em fatores morais pode levar a um unilateralismo, que, por sua vez, necessariamente dispensaria o apoio de instituições internacionais e que, para sobreviver, necessitaria de um intenso suporte militar. A divisão presentemente sugerida pretende servir apenas como instrumento didático a fim de enfatizar cada componente e organizar melhor a discussão. Sempre que possível, procuraremos contrastar como o neoconservadorismo se insere em cada tema em relação a outras posições de política externa nos Estados Unidos, a fim de tentar compreender sua especificidade. Note-se que os temas expostos a seguir possuem íntima conexão com o pano de fundo filosófico apresentado no capítulo anterior, que, dessa forma, pode ser considerado como uma importante introdução a este capítulo. Da mesma maneira, o presente capítulo inclui uma série de elementos que deverão ser mais bem abordados no capítulo seguinte.

INTERNACIONALISMO NÃO INSTITUCIONAL

O primeiro elemento que salta aos olhos no pensamento neoconservador em política externa é seu ativo internacionalismo. Nesse sentido, os neoconservadores encontram-se no extremo oposto daqueles que pregam uma postura isolacionista. Por outro lado, o neoconservadorismo também se choca com duas importantes abordagens em política externa no universo

---

na tradição norte-americana de política externa ver, por exemplo, Daalder e Lindsay (2003). Sob nossa perspectiva, acreditamos que o neoconservadorismo defende uma política externa que possui tanto elementos de continuidade como de ruptura em relação ao que seria a "tradição" norte-americana, mas com mais peso aos elementos de continuidade. Entretanto, esse é um debate a ser mais bem tratado em pesquisas futuras.

político norte-americano, que também são, em maior ou menor medida, internacionalistas: o realismo e o liberal internacionalismo.[2]

Uma distinção importante entre a abordagem neoconservadora e a liberal internacionalista é que, se, por um lado, os neoconservadores destacam a natureza hobbesiana das relações internacionais, os liberais internacionalistas partem de uma visão mais otimista, o que leva a atitudes distintas no momento da avaliação de onde intervir. Assim, normalmente o internacionalismo liberal tende a favorecer mais as intervenções de caráter humanitário, sem aparente conexão com a segurança imediata dos Estados Unidos, ao passo que o neoconservadorismo utiliza critérios mais relacionados ao poder e à segurança norte-americanos. Logo, o internacionalismo neoconservador não é universalista em sua acepção, mas é um internacionalismo de caráter nacionalista, que deriva de um sentimento patriótico.[3] Para Huntington, "o patriotismo é uma – talvez a principal – virtude conservadora primordial. Os conservadores conferem sua mais elevada lealdade ao país, seus valores, cultura e instituições" (Huntington, 1999/2000, p.37). Portanto, consoante Huntington, uma característica distintiva do internacionalismo conservador em contraste com o internacionalismo liberal é que aquele defende um "nacionalismo robusto que reafirma algumas verdades básicas: os Estados Unidos são uma nação religiosa; o patriotismo é uma virtude, universalismo não é americanismo; nacionalismo não é isolacionismo" (Huntington, 1999/2000, p.39). Krauthammer (2004) acrescenta ainda outra crítica ao considerar que, após a Guerra do Vietnã, o internacionalismo liberal teria se transformado em "uma ideologia de passividade" e de "anti-intervencionismo".

Dessa forma, fica clara a diferença existente entre as posturas do internacionalismo liberal, que tende a um universalismo, e a do internacionalismo conservador, de caráter nacionalista. No entanto, resta determinar se existe diferença significativa entre um conservadorismo internacionalista e o neoconservadorismo. Apesar de algumas análises (por exemplo, Caesar, 2000) tratarem como sinônimos, acreditamos poder apontar algumas distinções entre o que seria conservadorismo internacionalista e a postura normalmente defendida no âmbito do neoconservadorismo. A primeira delas é que os conservadores normalmente aproximam-se mais da visão realista (Nau, 2004), ao passo que os neoconservadores buscam explicitamente um afastamento em relação ao realismo.[4] Outra distinção importante é que, em comparação com o neoconservadorismo, o conservadorismo norte-americano adota uma postura mais defensiva no plano internacional, em contraposição a uma postura proativa defendida pelos neoconservadores, que deriva do entendimento do que seria o interesse nacional dos Estados

---

[2] Também denominado wilsonianismo (ver Capítulo 4).
[3] Ver Capítulo 2. Sobre diferenças entre neoconservadores e liberais, ver Capítulo 4.
[4] Para diferenças entre realistas e neoconservadores, ver Capítulo 4.

Unidos.[5] Para Kristol, os Estados Unidos deveriam perseguir "uma política de ação ao invés de reação" (Kristol, 1985a). Na análise de Lowry:

> Quase todos os conservadores acreditam que o poder americano pode ser uma força para o bem, e eles não têm vergonha de usar esse poder agressivamente em defesa do interesse nacional. A diferença é acerca de limites [...] Os neoconservadores demonstram impaciência a qualquer lembrança de que o mundo não é infinitamente plástico e de que nem todos os problemas podem ser demolidos com o solvente do poder americano. (Lowry, 2005, p.35-6)

A característica internacionalista do neoconservadorismo fica evidente quando examinamos as discussões que se estruturavam na década de 1990 acerca de qual deveria ser o papel dos Estados Unidos após o fim da Guerra Fria. Enquanto muitos grupos defendiam uma redução significativa na presença internacional dos Estados Unidos, a resposta neoconservadora era de que o momento deveria ser aproveitado para avançar os interesses e os princípios norte-americanos ao redor do globo. Para Kagan e Kristol:

> Tendo derrotado o "império do mal", os Estados Unidos desfrutam de predominância estratégica e ideológica. O primeiro objetivo da política externa norte-americana deveria ser preservar e aumentar essa predominância reforçando a segurança dos Estados Unidos, apoiando seus amigos, avançando seus interesses, *e defendendo seus princípios pelo mundo todo*. (Kagan; Kristol, 1996, p.20, grifo nosso)

Assim, do ponto de vista dos neoconservadores, os Estados Unidos deveriam assumir definitivamente o papel de "superpotência", o que consequentemente significaria maior envolvimento nos conflitos internacionais. De acordo com essa visão, sendo a superpotência uma entidade com pretensões e interesses em todas as partes do globo, o envolvimento com assuntos externos seria não só desejoso, mas também necessário. Mesmo antes da queda do muro de Berlim, Irving Kristol já observava:

> Para uma grande potência com interesses globais – o que chamamos de "superpotência" – não existem muitos conflitos entre outras nações hoje que não trazem um sentimento de envolvimento, ao menos em algum grau. Nos casos particulares em que é tomada a decisão de não se envolver, tal inação é em si própria um tipo de ação, com consequências que podem ser significativas. (Kristol, 1986)

Desse modo, com o desaparecimento da União Soviética, o neoconservadorismo encontraria espaço para avançar ainda mais em seu argumento. Se em 1986 Kristol destacava que a inação da grande potência seria tão

---

[5] Para o entendimento neoconservador sobre interesse nacional, ver Capítulo 4.

significativa quanto sua ação e, uma década depois, Kagan e Kristol argumentavam que os Estados Unidos deveriam reforçar sua predominância no plano internacional por meio de um envolvimento ativo em questões internacionais, em 2001, mesmo antes dos ataques terroristas de 11 de setembro, Kagan e Kristol (2000) levariam o argumento ainda além, defendendo que os Estados Unidos deveriam estar preparados para agir, se necessário, de modo a *prevenir* que ameaças potenciais se concretizassem. Na avaliação dos autores, os Estados Unidos deveriam adotar uma postura internacional que fosse "mais, do que menos inclinada a agir quando as crises se irrompem, e *preferencialmente antes de elas se irromperem*. Esse é o padrão de uma superpotência global que quer moldar o ambiente internacional de forma vantajosa para si" (Kagan; Kristol, 2000, p.14, grifo nosso).[6]

Portanto, uma das principais características do pensamento neoconservador em política externa é justamente seu caráter eminentemente internacionalista, marcado pela defesa de um envolvimento ativo nos assuntos globais, a partir da crença de que os Estados Unidos têm a responsabilidade, a capacidade e o interesse na construção de uma ordem internacional que satisfaça seus objetivos. Assim, o argumento neoconservador tenderá fortemente a defender uma política externa "ativa" em contraste com o que é enxergado como uma política externa "reativa" ou "defensiva" (Kristol, 1985a, 1986; Kagan; Kristol, 1996, 2000; Krauthammer, 2002).

Tal característica, no entanto, também poderia caracterizar, em certa medida, a postura liberal internacionalista. Entretanto, surge aqui uma importante diferença: enquanto o liberal internacionalismo caracteriza-se por ser abalizado majoritariamente por instituições supranacionais, o internacionalismo neoconservador nutre profunda desconfiança por tais arranjos institucionais. Por essa razão, escolhemos caracterizar esse tipo de internacionalismo como um "internacionalismo não institucional". É importante destacar que essa se trata de uma entre outras denominações possíveis. Uma designação alternativa poderia ser "internacionalismo nacionalista". Essa denominação teria a vantagem de destacar o fato de o internacionalismo neoconservador não ter caráter humanitário, mas sim tratar-se de um tipo de internacionalismo que busca uma íntima conexão com os interesses dos Estados Unidos que, por sua vez, corresponderia também, na ótica neoconservadora, aos interesses dos demais países democráticos. Outra denominação plausível seria "internacionalismo unilateral", mas seria menos acurada, visto que, do ponto de vista neoconservador, uma ação multilateral pode ser feita por meio de coalizões *ad hoc* e, portanto, dispensar a intervenção de organizações internacionais.[7] Krauthammer é bem

---

[6] Daí a necessidade do líder que "antecipe o futuro", conforme apontado no Capítulo 2. Daí, também, a justificativa para guerras preventivas, conforme será observado adiante.

[7] Trataremos melhor do tema do unilateralismo a seguir.

claro a respeito da posição neoconservadora nesse sentido ao afirmar que "a construção de 'coalizões de voluntários' *ad hoc* dificilmente qualifica-se como unilateralismo só porque não tem um secretariado em Bruxelas ou no *East River*" (Krauthammer, 2004, p.12).[8]

Ressalte-se que os conservadores norte-americanos em geral tendem a ter uma posição mais cética em relação aos organismos internacionais. Nau destaca que "nenhum grupo conservador dá à ONU papel de destaque" e essa seria uma linha clara de divisão em relação aos liberais (Nau, 2004, p.23-4). Huntington também sublinha tal distinção ao apontar que o nacionalismo é uma característica distintiva dos conservadores norte-americanos, que, portanto, "resistem a intromissões na soberania nacional por parte de organizações internacionais, cortes ou regimes" (Huntington, 1999/2000, p.38). Entretanto, ainda que a afirmação de que certo tipo de internacionalismo não institucional seja uma característica dos conservadores norte-americanos em geral, no caso específico dos neoconservadores tal predicado é especialmente verdadeiro, sobretudo se considerarmos a questão dos limites da ação internacional, que de certa forma diferencia os neoconservadores dos conservadores de orientação mais internacionalista, conforme mencionado anteriormente.

Assim, já em 1983, Irving Kristol referia-se aos "inúmeros tratados, convenções e alianças" internacionais como uma "piscina de areia movediça" (Kristol, 1983, p.227) e ironizava a Organização dos Estados Americanos (OEA), referindo-se a ela como "uma espécie de mini-ONU onde podemos ser derrotados em apenas três línguas, economizando, assim, dinheiro com tradutores" (Kristol, 1983, p.229). Contudo, a crítica dos neoconservadores às organizações internacionais se tornaria ainda mais aguda após o final da Guerra Fria, a partir de três argumentos principais: uma alegada falta de legitimidade por parte de tais organizações, os eventuais entraves colocados para uma atuação internacional norte-americana mais contundente e a percepção de que muitos organismos internacionais servem de fórum para países hostis aos Estados Unidos. A partir desses argumentos, o neoconservadorismo busca minar as duas principais justificativas para a existência de tais organismos – sua eficácia e sua legitimidade.

Evidentemente, o principal alvo das críticas neoconservadoras seria a Organização das Nações Unidas (ONU). Com a Guerra Fria já encerrada, Kristol decretava que

> [...] os Estados Unidos certamente irão querer e precisarão permanecer uma potência mundial ativa, mas essa atividade não pode ser confinada aos limites prescritos

---

[8] "Coalizão de voluntários" é a nossa tradução para o termo *"coalition of the willing"*. *East River* é uma referência de Krauthammer à região de Nova York onde fica a sede da Organização das Nações Unidas (ONU).

pelas Nações Unidas ou pela Otan [Organização do Tratado do Atlântico Norte] ou o que quer que seja. Nesse período pós-Guerra Fria, essas organizações estão encaminhando-se para tornar-se moribundas. (Kristol, 1993)

O argumento da falta de legitimidade dos organismos internacionais baseia-se principalmente na crença neoconservadora da democracia como valor supremo, e na consequente observação de que muitos dos países participantes de organizações internacionais não são democracias. Logo, do ponto de vista neoconservador, seria moralmente ilegítimo exigir que os Estados Unidos necessitassem da chancela de organismos internacionais, compostos em parte por nações não democráticas, para poder agir internacionalmente na defesa de seus interesses. Krauthammer (2002) desenvolve esse argumento em relação ao Conselho de Segurança da ONU:

> É impossível entender a lógica moral pela qual a aprovação do Conselho de Segurança confere legitimidade moral para esse ou qualquer outro empreendimento. Como as bênçãos dos carniceiros da Praça Tiananmen, que detêm o assento chinês no Conselho, emprestam autoridade moral para qualquer coisa, quanto mais à invasão de outro país? (Krauthammer, 2002)

Nessa direção, Perle (2003) questiona se, em virtude da presença de países não democráticos em seus quadros, a ONU seria a única organização capaz de legitimar o uso da força:

> A ONU é mais capaz de conferir legitimidade do que, digamos, uma coalizão de democracias liberais? A adição de membros da ONU – como a China, por exemplo, ou a Síria – acrescenta legitimidade ao que de outra forma poderia ser a política coletiva de países que compartilham nossos valores? Afinal, quando você vai além das democracias na ONU, você está adicionando apenas ditaduras e estados totalitários – vários deles. (Perle, 2003, p.69)

Em um artigo que defende a retirada dos Estados Unidos da ONU, Krauthammer (1987) chama a atenção para o que denomina de "idealismo" e "ingenuidade" dos estadistas envolvidos na sua fundação. Para o autor, essa organização, considerada uma "instituição de papel"[9] e "dispensável",

---

[9] A referência à ideia de "papel" é relativamente comum entre os neoconservadores, referindo-se a arranjos institucionais e legislações internacionais que, na sua visão, estariam afastados da realidade do poder. Boot, por exemplo, afirma que os neoconservadores depositam "sua fé não em pedaços de papel, mas no poder, especificamente no poder americano" (Boot, 2004, p.49). Da mesma forma, Krauthammer considera que a divisão fundamental no debate sobre a política externa nos Estados Unidos é "a questão sobre o que é, e o que deveria ser a base fundamental das relações internacionais: papel ou poder" (Krauthammer, 2002/2003, p.13).

é um obstáculo inclusive para a aplicação de normas internacionais, dada a alegada inexistência de alguém que faça cumprir tais normas. Krauthammer afirma ainda que a ONU transfigurou-se em uma organização "antiocidental" e que "se tornou um lugar onde países fracos do Terceiro Mundo podem ventilar seus ressentimentos em ataques retóricos e pseudodiplomáticos ao Ocidente" (Krauthammer, 1987). Segundo Krauthammer (1987), a ONU teria abandonado os princípios que lhe deram origem na medida em que os "Estados antiliberais" teriam se tornado maioria, e avalia que as instituições internacionais teriam se tornado não apenas "inúteis", mas também excessivamente "corruptas" (Krauthammer, 2004). Dessa forma, o autor avalia que, sendo os Estados Unidos os principais financiadores da ONU e, ao mesmo tempo, de seu ponto de vista, os principais prejudicados por sua existência, o país deveria retirar-se daquela instituição, visto que, nas palavras de Krauthammer, "nós pagamos pelo megafone e nossos inimigos falam por meio dele" (Krauthammer, 1987). Da mesma maneira, Kristol julga que "a ONU, da forma como se desenvolveu, é uma entidade hostil aos interesses norte-americanos" (Kristol, 1983, p.229), e defende o fim dessa instituição. Note-se que as críticas a essa organização mantiveram-se praticamente uniformes ao longo do tempo, visto que Kristol escreve em princípios da década de 1980 e Krauthammer, em meados dos anos 1990 e 2000, com configurações internacionais completamente distintas.

Se, com o final da Guerra Fria, as críticas dos neoconservadores às organizações internacionais tornaram-se ainda mais incisivas, o período após 11 de setembro de 2001 serviu para reforçar essa contundência. A questão agora não era apenas o fato de a ONU ser encarada como um entrave no avanço dos interesses da grande potência, mas como um obstáculo à própria defesa da segurança nacional norte-americana. Assim como Krauthammer, Frum e Perle também defendiam a retirada dos Estados Unidos da ONU, mas à luz da interpretação da nova realidade:

> As Nações Unidas tornaram-se, na melhor das hipóteses, irrelevantes para a ameaça terrorista que mais nos preocupa e, na pior, um obstáculo à nossa vitória na guerra ao terrorismo. Ela precisa ser reformada. E, se não pode ser reformada, os Estados Unidos deveriam considerar seriamente sua retirada. A ONU tornou-se um obstáculo à nossa segurança nacional porque ela pretende colocar limites legais à habilidade dos Estados Unidos de defenderem a si próprios. Se esses limites algumas vez tiveram sentido, eles não fazem sentido agora [...] Muitos membros – incluindo alguns dos nossos tradicionais aliados – parecem muito mais interessados em constranger os Estados Unidos do que em derrotar o terrorismo – ao menos o terrorismo que é direcionado a nós. (Frum; Perle, 2004)

Assim, a partir do ponto de vista de que a denominada "guerra ao terrorismo" requereria ações rápidas por parte dos Estados Unidos, as deliberações do Conselho de Segurança da ONU passaram a ser encaradas como um obstáculo a tais ações e, por extensão, um obstáculo à própria segurança nacional norte-americana. Além disso, visto que tal estratégia inclui o uso de guerras preventivas, cujos critérios são marcadamente subjetivos,[10] o processo de deliberação inerente aos organismos internacionais representa, a partir desse ponto de vista, um entrave que não pode ser tolerado.

UNILATERALISMO

Conforme abordado no Capítulo 1, Haas e Whiting (1956) identificavam dois polos opostos no debate acerca da política externa norte-americana durante a Guerra Fria. De um lado, os liberais que tendiam a favorecer uma aproximação em bases multilaterais no enfrentamento do comunismo. De outro lado, os autores detectavam uma postura de tendência unilateral que seria identificada com os conservadores. De acordo com Leffler (2004), a opção pelo unilateralismo é algo sempre presente na política externa norte-americana, ainda que no plano retórico os estadistas mantivessem o discurso multilateral:

> Os sábios homens da Guerra Fria abraçaram a segurança coletiva, forjaram a Otan, criaram uma série de outras instituições multilaterais e brandiram a interdependência da moderna economia global. Entretanto, eles nunca repudiaram o direito de agir sozinhos. Ainda que reservassem a opção de mover-se unilateralmente, eles não declaravam isso como uma doutrina. Fizeram precisamente o contrário. Publicamente, eles afirmavam o compromisso dos Estados Unidos com a segurança coletiva e o multilateralismo; privadamente, eles reconheciam que os Estados Unidos poderiam ter de agir unilateralmente, assim como o fez mais ou menos no Vietnã e em outras partes do Terceiro Mundo. (Leffler, 2004)

Portanto, o unilateralismo na política externa norte-americana não constitui exatamente uma novidade, especialmente se considerarmos sua manifestação no campo conservador. Entretanto, aparentemente, nenhum grupo político dá tanto peso a essa opção, inclusive no plano retórico, como os neoconservadores – dessa forma, no discurso neoconservador a preferência pelo unilateralismo é explicitamente declarada. Soma-se a isso o fato de que, frequentemente, o discurso acerca do unilateralismo no universo político norte-americano relaciona-se de forma mais estreita com aqueles que defendem uma postura mais isolacionista, de caráter defensivo. Desse modo, a postura internacionalista preconizada pelos neoconservadores adiciona um elemento fundamental à ação unilateral, vista como uma opção

---

[10] Esse tema será abordado no item Poder militar a seguir.

necessária para uma potência com pretensões globais. Assim, Krauthammer avalia que "a virtude do unilateralismo não é apenas que ele permite a ação. Ele força a ação" (Krauthammer, 2002). O unilateralismo neoconservador diferencia-se, então, do unilateralismo isolacionista, notadamente em razão de seu caráter internacionalista, que se conecta intimamente com o entendimento do que seria o interesse nacional norte-americano.[11]

Nessa direção, Krauthammer (2002/2003) classifica o unilateralismo defendido pelos neoconservadores como um "novo unilateralismo". Para o autor, o unilateralismo é normalmente associado aos isolacionistas que, por sua vez, pouco se preocupariam com o uso do poder norte-americano para "fins globais", mas simplesmente para defender os interesses norte-americanos a partir de um entendimento considerado "estreito" do interesse nacional. Conforme Krauthammer:

> O novo unilateralismo define os interesses americanos muito além da simples autodefesa. Em particular, ele identifica dois outros interesses principais, ambos globais: propagar a paz mediante a manutenção da democracia e preservar a paz agindo como um equilibrador de último recurso. (Krauthammer, 2002/2003)

Portanto, trata-se de um unilateralismo com interesses globais, visando à manutenção e à preservação da ordem internacional estabelecida mediante o apoio ativo à democracia por parte dos Estados Unidos.[12] Note-se que, ao falar em unilateralismo, os neoconservadores referem-se principalmente às alianças formais e institucionais formadas pelos Estados Unidos notadamente durante a Guerra Fria. Kristol (1986) entende que o unilateralismo não significa "retirar-se de toda e qualquer aliança", mas livrar os Estados Unidos das alianças que, no seu entendimento, impediriam uma ação mais livre por parte desse país, classificadas pelo autor como "*entangling alliances*".[13] Krauthammer (2002/2003) pondera que agir unilateralmente não significa necessariamente agir sozinho, mas "não permitir tornar-se refém de outros". Para o autor, nenhum unilateralista rejeitaria

---

[11] Sobre o entendimento do interesse nacional dos Estados Unidos para os neoconservadores, ver Capítulo 4.
[12] Sobre a relação entre democracia e segurança do ponto de vista neoconservador, ver próximo item.
[13] Deixamos a expressão no original em inglês, pois não encontramos uma tradução satisfatória para o termo, que ficou famoso após o discurso inaugural de Thomas Jefferson, em 1801. Uma sugestão, conforme adotada por Sá Barbosa e Bezerra, seria "alianças que nos embaracem" (Schlesinger Jr., 1992, p.65). Apesar de o termo não aparecer explicitamente no famoso discurso de despedida de George Washington, a mesma ideia também já estava presente ali – sempre tendo em mente a relação com as potências europeias. O que outrora havia sido interpretado como uma recomendação ao isolacionismo, hoje parece ser entendido como um conselho que, de fato, relaciona-se mais com o unilateralismo. Nesse sentido ver, por exemplo, McDougall (1997, p.39-56).

[...] o apoio do Conselho de Segurança para um ataque ao Iraque. A questão não trivial que separa unilateralismo e multilateralismo [...] é esta: o que você faz se, no fim das contas, o Conselho de Segurança recusa-se a apoiá-lo? Você se permitiria ser ditado em assuntos vitais de segurança nacional e internacional? (Krauthammer, 2002/2003)

Assim, o entendimento neoconservador parece não passar pela constatação de que os Estados Unidos devam necessariamente agir sozinhos, mas de que essa é uma opção que não deve ser descartada *a priori*. A formação das alianças é definida em caráter *ad hoc* de acordo com o objetivo determinado. Portanto, a coalizão é formada a partir da definição da missão, estando aquela subordinada a esta, ou seja, "a missão determina a coalizão",[14] e não o contrário. Para Krauthammer (2002), essa abordagem significa que aqueles que estiverem dispostos a participar da coalizão deverão ser recrutados "apenas para ajudar a cumprir nossa missão. A missão vem primeiro e nós a definimos" (Krauthammer, 2002).

A defesa neoconservadora do unilateralismo baseia-se principalmente em dois argumentos. O primeiro, conforme já tratado na seção anterior, refere-se a uma alegada falta de legitimidade de organismos supranacionais. O segundo argumento fundamenta-se na premissa de que o unilateralismo é necessário para aumentar o raio de ação da superpotência no plano internacional. Nesse sentido, em sua crítica às *"entangling alliances"*, Kristol (1986) assevera que, para uma superpotência, alianças desse tipo concorrem para inibir a tomada de ação por sua parte no momento em que entender conveniente. Para Krauthammer (2004), a opção pelo multilateralismo acarreta uma "obsessão com convenções, protocolos, legalismos", cujo efeito é "conter o poder norte-americano". Assim, desse ponto de vista, o objetivo dos defensores do multilateralismo seria

[...] reduzir a liberdade de ação dos Estados Unidos, tornando-os subservientes, dependentes e restringidos pela vontade – e interesses – de outras nações. Amarrar Gulliver com milhares de cordas. Domesticar o mais indomesticado, o mais extensivo interesse nacional do planeta – o nosso. (Krauthammer, 2004, p.6)

O unilateralismo é visto, assim, como uma demonstração de força e poder, ao passo que o multilateralismo, como uma ferramenta à disposição de países menos poderosos. Dessa forma, o neoconservadorismo busca justificar especialmente a oposição de países aliados ao unilateralismo norte-americano, sobretudo na Europa. Para Kagan (2003), os Estados Unidos devem ocasionalmente agir sem o apoio de aliados europeus "não em razão de paixão pelo unilateralismo, mas só porque, em virtude de

---

[14] Frase atribuída originalmente ao ex-secretário de Defesa norte-americano, Donald Rumsfeld.

uma fraca Europa que se afastou do poder, os Estados Unidos não têm opção além de agir de maneira unilateral" (Kagan, 2003, p.100). De acordo com esse autor, a hostilidade dos europeus ao unilateralismo representa uma defesa de seus próprios interesses, e mecanismos como o Conselho de Segurança das Nações Unidas seriam "o substituto do poder que lhes falta" (Kagan, 2003, p.43). Para Perle, "dada a inadequada capacidade militar dos europeus, a inabilidade em usar a força transforma-se facilmente em repugnância ao uso da força" (Perle, 2003, p.69). Krauthammer segue na mesma abordagem ao afirmar que:

> Historicamente, o multilateralismo é uma forma das nações fracas multiplicarem seu poder se ligando a nações mais fortes. Mas o multilateralismo imposto a grandes potências, e particularmente a uma potência unipolar, visa restringir esse poder. Exatamente por isso a França é uma multilateralista ardente. Mas por que os Estados Unidos deveriam ser? (Krauthammer, 2004, p.8)

Note-se que Krauthammer fala em "potência unipolar". Novamente, o fim do sistema bipolar permitiu que os argumentos defendidos pelos neoconservadores se tornassem ainda mais contundentes. A interpretação de que o sistema internacional havia se transformado em unipolar deu ainda mais sustentação à defesa do unilateralismo, que passava agora a ser acompanhada pela defesa da unipolaridade. Da mesma forma, agora a crítica ao multilateralismo era acompanhada de uma crítica à multipolaridade. Do ponto de vista neoconservador, o mundo havia assumido uma configuração unipolar não apenas pela derrocada da União Soviética, mas também por uma alegada falta de disposição por parte principalmente da Europa de desafiar essa configuração. De acordo com Kagan:

> Nenhuma nação tem a disposição de fazer os mesmos tipos de sacrifícios no curto prazo que os Estados Unidos têm demonstrado no seu interesse de longo prazo em preservar a ordem global. Nenhuma nação, exceto a China, tem se mostrado disposta em gastar o dinheiro para aquisição do poder militar necessário a fim de fazer frente ao papel dos Estados Unidos – e o crescimento militar da China não é exatamente visto pelos seus vizinhos como criando um ambiente mais harmonioso. (Kagan, 1998, p.31-2)

Para Kagan, os discursos por um mundo multipolar por parte de países como França e Rússia não vão além do plano retórico, visto que, na sua análise, tais países não estariam dispostos a pagar "o preço e a responsabilidade" requeridos para a construção da multipolaridade (Kagan, 1998, p.32). Discurso semelhante já era utilizado por Kristol (1983) no início da década de 1980, que argumentava que a Europa já não era mais tão importante na política externa das duas potências mundiais de então, tendo optado pelos "confortos da vida doméstica" e abdicado de um papel mais ativo na política mundial, adotando uma postura "isolacionista" (Kristol, 1983, p.240). Kristol argumentava que faltava "motivação" à Europa para se tornar uma potência e aumentar seus gastos militares, e que, portanto, haveria uma crescente divergência entre esse continente e os Estados Unidos. Assim, esse autor defendia a constituição de uma "força unilateral" por parte dos Estados Unidos, que permitiria seu emprego em qualquer parte do mundo "*independentemente do apoio de qualquer aliado existente*" (Kristol, 1983, p.246, grifo do autor), pois o que era visto como um crescente isolamento europeu dos assuntos mundiais poderia transformá-los "em aliados de inconveniência" (Kristol, 1983). Após a Guerra Fria, o discurso de Kristol permaneceria o mesmo, com menções ao "declínio" da Europa e seu afastamento "enquanto uma força independente nos assuntos mundiais" (Kristol, 1996), estando, portanto, em uma posição que misturaria graus de autonomia e dependência em relação aos Estados Unidos.

A crescente divergência entre a Europa e os Estados Unidos, bem como a dependência estratégica da primeira em relação ao último, conforme apontada por Kristol, são, de acordo com Kagan (2002, 2003), aprofundadas após a Guerra Fria. Para Kagan, a década de 1990, especialmente após o conflito nos Bálcãs, teria revelado "a incapacidade militar europeia e sua desordem política" (Kagan, 2003, p.25), ao passo que "o poderio militar norte-americano, em especial sua capacidade de projetar esse poder para todos os cantos do mundo, permaneceu sem precedentes" (Kagan, 2003, p.29). Dessa forma, Kagan (2002) identifica três elementos que explicitam o aprofundamento da divergência estratégica entre Estados Unidos e Europa. O primeiro deles refere-se ao fato de que a estratégia dos Estados Unidos seria "inquestionavelmente global em sua orientação, o que obviamente não é verdade em relação à Europa" (Kagan, 2002, p.138). O segundo elemento relaciona-se a como lidar com o que o autor chama "hegemonia" norte-americana – enquanto os Estados Unidos buscariam assegurar a manutenção dessa condição, a estratégia europeia se basearia em "conter" ou "civilizar" tal hegemonia. Finalmente, Kagan considera que existe uma diferença na percepção do que constitui o internacionalismo – enquanto o internacionalismo europeu seria supranacional, com base em arranjos legais, os Estados Unidos representariam, em geral, um internacionalismo de tipo nacionalista, com esse país como "a nação indispensável" (Kagan, 2002, p.139). Assim, a postura neoconservadora em relação à Europa caracteriza-se majoritariamente por enfatizar elementos de contraste entre esse continente e os Estados Unidos, variando entre um entendimento da Europa como irrelevante no cenário internacional até o limite de encarar o projeto europeu como um obstáculo às pretensões norte-americanas.

Da mesma maneira, assim como a unipolaridade é vista pelos neoconservadores como algo positivo em si, um mundo multipolar, com a ascensão de potências capazes de desafiar a posição norte-americana, é encarado como potencialmente perigoso. Rodman entende que as tentativas de constituição de um mundo multipolar implicam, na verdade, "construir contrapesos contra a predominância norte-americana" (Rodman, 2000, p.82). Para Kristol e Kagan (2000), a configuração internacional do pós-Guerra Fria sob a liderança norte-americana é um cenário "mais justo do que qualquer outra alternativa". Para esses autores, "um mundo multipolar, no qual o poder é compartilhado mais equanimemente entre as grandes potências – incluindo China e Rússia – seria muito mais perigoso, e também muito menos compatível com a democracia e as liberdades individuais" (Kagan; Kristol, 2000, p.24).

DEMOCRACIA

A forte conexão entre política externa e democracia nos Estados Unidos seguramente constitui uma tradição deste país desde os seus primórdios. Conforme observamos no Capítulo 1, a questão da democracia sempre esteve presente como um elemento central na política externa norte--americana, e a literatura diverge em relação a qual o papel desempenhado pelos Estados Unidos na defesa dos valores democráticos – apresentar-se como exemplo a ser seguido ou promover ativamente a democracia no plano internacional. De forma geral, o conservadorismo tradicional tende a advogar a primeira alternativa. Por outro lado, o internacionalismo liberal encontra-se mais próximo da segunda e, nesse sentido, aproxima-se da posição neoconservadora.

No entanto, a defesa neoconservadora de que os Estados Unidos devem atuar ativamente para difundir a democracia no mundo passa pela crítica ao internacionalismo liberal, visto como um "humanitarianismo cosmopolita" que defenderia a democracia apenas em nome da própria democracia e dos direitos humanos (Wolfson, 2004). Os neoconservadores, por sua parte, enfatizam de forma mais vigorosa uma ligação intrínseca entre a promoção da democracia e o interesse nacional norte-americano, a partir do entendimento de que essa estratégia é essencial para garantir a segurança dos Estados Unidos e reforçar sua supremacia no cenário internacional. Portanto, a partir da conexão entre democracia e segurança, os neoconservadores encaram a primeira sob dois aspectos fundamentais. Primeiro, como um imperativo moral, e nesse ponto buscam afastar-se da abordagem realista.[15] Segundo, eles avaliam que a promoção da democracia deve ser parte crucial da estratégia de segurança norte-americana, pois essa seria não só um imperativo

---

[15] Ver Capítulo 4.

moral, mas também "a melhor forma de assegurar a manutenção de uma ordem mundial pacífica e próspera" (Stelzer, 2004, p.10).

Quanto ao primeiro aspecto, o neoconservadorismo busca resgatar a ideia presente desde a independência dos Estados Unidos "de que a liberdade individual é um absoluto moral, e um sistema de governo que realça a liberdade individual é moral e praticamente superior a todos os outros" (Selden, 2004, p.30). Desse modo, o pensamento neoconservador avalia que, dada a alegada universalidade dos propósitos morais, as relações internacionais tornam-se um espaço em que os julgamentos morais são não apenas possíveis, mas necessários. Podhoretz explicita essa visão ao destacar a "necessidade e a possibilidade de julgamento moral no terreno da política internacional" (Podhoretz, 2004, p.27). Kagan e Kristol (1996) defendem uma "remoralização" da política externa dos Estados Unidos a partir "da crença norte-americana de que os princípios da Declaração de Independência não são apenas escolhas de uma cultura particular, mas *são verdades universais, duradouras e 'autoevidentes'*" (Kagan; Kristol, 1996, p.31, e grifo nosso). Nesse ponto, os autores fazem uma crítica aos conservadores tradicionais, que pregariam "a importância de se preservar os elementos centrais da tradição ocidental no plano doméstico", mas, ao mesmo tempo, professariam uma "indiferença ao destino dos princípios norte-americanos no plano internacional", e avaliam essa postura como "uma inconsistência cujo resultado só pode ser o desgaste do coração do conservadorismo" (Kagan; Kristol, 1996). Assim, seria natural, a partir desse ponto de vista, que os Estados Unidos assumissem uma postura de "missão civilizadora" no mundo.[16]

No que diz respeito à conexão entre democracia e segurança, cuja presença no discurso neoconservador é central, acreditamos ser importante uma breve exposição acerca do que ficou conhecido como as teorias da "paz democrática", que estimulou diversos debates, notadamente durante os anos 1990, a partir da constatação de uma aparente inexistência de guerras entre os países democráticos (Brown, 2000). Doyle (1986) avalia que, a partir do século XVIII, estabeleceu-se – entre o que o autor chama de "sociedades liberais" – uma "zona de paz", nos moldes kantianos de uma "federação pacífica".

Para Layne (2000), a teoria da paz democrática é mais uma proposição do que uma teoria propriamente dita e baseia-se em duas crenças principais. A primeira é de que as democracias não lutam entre si. A segunda é de que, quando as democracias entram em conflito, apenas raramente ameaçam o uso da força, pois isso seria considerado ilegítimo. As teorias que buscam explicações para esse fenômeno, de acordo com o autor, dividir-se-iam em duas vertentes. A primeira explicaria a aparente abstenção de guerras

---

[16] Ver Capítulo 2, especialmente item *America, the beautiful*.

entre as democracias em virtude de constrangimentos institucionais. Owen (2000) classifica as teorias que se baseiam nessa hipótese como "estruturais". A segunda hipótese enfatizaria questões como as normas e a cultura democrática, que impediriam os estados democráticos de ir à guerra com outras democracias. Para Owen (2000), essas teorias também podem ser classificadas como "normativas" e baseiam-se na premissa de que, do ponto de vista das democracias, seria injusto ou imprudente entrar em guerra com outras democracias. Essa segunda vertente é a mais aceita pelos neoconservadores, e é o que dá suporte a afirmações como a de Krauthammer, de que a democracia seria um meio indispensável para promover a segurança dos Estados Unidos, pois "as democracias são inerentemente mais amistosas em relação aos Estados Unidos, menos beligerantes em relação a seus vizinhos e geralmente mais inclinadas para a paz" (Krauthammer, 2004, p.15).

É importante destacar que aquilo que os teóricos da paz democrática entendem como democracia é a democracia de caráter liberal. Owen define uma democracia liberal como "um estado que encarna as ideias liberais, em que o liberalismo é a ideologia dominante e os cidadãos têm influência nas decisões de guerra" (Owen, 2000, p.139). O autor acrescenta que o liberalismo distingue o Estado de acordo com o *tipo de regime*, ao passo que o realismo, de acordo com as *capacidades*. Assim, Estados liberais seriam vistos como aliados, e os não liberais, como potencialmente perigosos. Note-se que, na medida em que o neoconservadorismo coloca-se nessa questão do mesmo lado do liberalismo, esse é mais um ponto que afasta o pensamento neoconservador do realista, assunto que será tratado no próximo capítulo.

Dessa forma, se, por um lado, o interesse nacional das democracias liberais exigiria uma acomodação com outras democracias liberais, por outro, "algumas vezes exige a guerra contra as não democracias" (Owen, 2000). Doyle (1986) caracteriza a possibilidade da existência de guerras entre democracias liberais e Estados não liberais como "imprudência liberal", explicitada no trecho a seguir:

> Uma paz separada existe entre os Estados liberais. Nas suas relações com Estados não liberais, entretanto, os Estados liberais não escaparam da insegurança causada pela anarquia no sistema político mundial considerado como um todo [...] Mesmo cientes de que as guerras normalmente custam mais do que o retorno econômico que elas geram, as repúblicas liberais também estão preparadas para proteger – e às vezes forçar – a democracia, a propriedade privada e os direitos do indivíduo contra as não repúblicas, que, por não representarem autenticamente os direitos dos indivíduos, *não têm direitos de não intervenção*. (Doyle, 1986, grifo nosso)

Logo, a partir do entendimento de que os países liberais não entram em guerra uns com os outros e, por outro lado, os países que não são vistos como democracias liberais são percebidos como potenciais ameaças, a conclusão é de que o nível de segurança internacional aumenta conforme aumenta a quantidade de democracias no mundo. A análise de Layne é esclarecedora da consequência desse raciocínio para a política externa dos Estados Unidos:

> Pelo fato de ligar a segurança norte-americana à natureza dos sistemas políticos internos de outros Estados, a lógica da teoria da paz democrática leva inevitavelmente os Estados Unidos a adotar uma postura estratégica intervencionista. Se as democracias são pacíficas, mas os Estados não democráticos são "desordeiros", a conclusão é inescapável: as primeiras só estarão verdadeiramente seguras quando os últimos também tiverem sido transformados em democracias. (Layne, 2000, p.217)

Além disso, conforme explicitado por Doyle (1986), sendo os países vistos como não democráticos, eles não representariam o ideal liberal de direitos do indivíduo e não possuiriam o direito de não intervenção garantido às democracias. É essa visão da paz democrática, estendida a seu limite, que levaria, logo após os ataques terroristas de 11 de setembro, à defesa neoconservadora da democratização no Oriente Médio como forma de vencer a chamada "guerra ao terrorismo". Nessa perspectiva, a democratização do Oriente Médio teria se tornado "uma questão de bem-estar nacional e até mesmo de sobrevivência" (Kaplan, 2004).

Esses argumentos abrem o caminho para a ideia de "mudança de regime" (*"regime change"*), cuja presença no discurso neoconservador é de capital importância. Tal conceito baseia-se na proposição de que os Estados Unidos devem utilizar todos os meios disponíveis para pressionar a transformação de países não democráticos em democracias liberais. Aqui, um exemplo frequentemente citado é a transformação da Alemanha e do Japão a partir do suporte dos Estados Unidos após a Segunda Guerra Mundial. Para Podhoretz, o fato de que "os Estados Unidos conseguiram em apenas uma década transformar tanto a Alemanha Nazista como o Japão Imperial em democracias capitalistas" demonstra que o mesmo poderia ser feito em outras regiões do mundo, contrariando aqueles que acreditariam que "a democracia e o capitalismo poderiam desenvolver-se apenas em um solo cultivado por séculos" (Podhoretz, 2004, p.47). Kaplan (2004) aponta previsões anteriores à reconstrução do Japão e da Alemanha que afirmavam que esses países não seriam culturalmente aptos para praticar a democracia, a fim de contestar o que seriam argumentos semelhantes acerca do Oriente Médio. Krauthammer demonstra igual ceticismo em relação aos críticos:

> Os realistas têm alertado contra a presunção de pensar que podemos transformar uma cultura estrangeira porque alguns postulam uma vontade natural e universal de liberdade. E eles podem estar certos. Mas eles já sabem de antemão? Meio século atrás, nós ouvimos os mesmos alertas confiantes sobre a impermeabilidade da cul-

tura confuciana à democracia. Isso se provou estonteantemente errado. Onde está escrito que os árabes são incapazes para a democracia? (Krauthammer, 2004, p.15)

Destaque-se que o otimismo demonstrado por grande parte dos neoconservadores em relação às condições para a promoção da democracia independentemente do país é contrabalançado por alguns neoconservadores de destaque, como Wolfowitz (2000). Para esse autor, "alguns regimes são mais abertos a mudanças que outros", e os exemplos de Alemanha e Japão na Segunda Guerra não se aplicam necessariamente a outras sociedades, e circunstâncias particulares de cada país devem ser levadas em consideração, pois "condições econômicas e sociais podem preparar melhor alguns países para a democracia que outros" (Wolfowitz, 2000, p.320-1).

Kagan e Kristol (1996) condensam os dois argumentos neoconservadores apresentados aqui em defesa da promoção da democracia – imperativo moral e conexão entre democracia e segurança em prol da sustentação da supremacia norte-americana, e seu corolário (mudança de regime) – no trecho destacado a seguir:

> A política externa norte-americana deveria ser informada por um propósito moral claro, com base no entendimento de que seus objetivos morais e seus interesses nacionais fundamentais estão quase sempre em harmonia. Os Estados Unidos não atingiram a presente posição de força praticando uma política externa de viva e deixe viver, nem passivamente esperando as ameaças surgirem, mas promovendo ativamente os princípios de governança americanos – democracia, mercados livres, respeito pela liberdade [...] E algumas vezes isso significa não apenas apoiar os amigos dos Estados Unidos e pressionar suavemente outras nações, mas perseguir ativamente políticas – no Irã, em Cuba e na China, por exemplo – que tenham a intenção última *de efetuar uma mudança de regime*. Em qualquer caso, *os Estados Unidos não deveriam cegamente "fazer negócio" com qualquer nação, independente de seu regime.* (Kagan; Kristol, 1996, p.27, grifo nosso)

Assim, seria inútil a tentativa de incluir nações não democráticas em acordos internacionais como forma de evitar, por exemplo, a proliferação nuclear, pois não haveria como fazer tais países "jogarem pelas existentes – o que quer dizer norte-americanas – regras do jogo" (Kagan; Kristol, 2000, p.18). A estratégia mais eficiente, a partir desse ponto de vista, seria "não a coexistência, mas a transformação" do próprio regime vigente nesses estados (Kagan; Kristol, 2000, p.20). Portanto, está construída a argumentação que serve de suporte para intervenções, inclusive militares, em outros países, com o intuito último de efetuar uma mudança de regime em nações consideradas não democráticas.

Nesse ponto parece existir uma divergência no pensamento neoconservador atual que merece menção. Tal divergência diz respeito ao critério de intervenção. Enquanto uma vertente mais expansiva defende critérios mais amplos de intervenção, encarando ameaças aos interesses dos aliados dos Estados Unidos como ameaças aos próprios Estados Unidos, e intervindo em inúmeros conflitos regionais (Kagan; Kristol, 2000), outra, de caráter mais restritivo, procura definir critérios mais específicos e intervir "apenas onde realmente conta" (Krauthammer, 2004, p.19). Aqueles que se aproximam da primeira vertente entendem que a única forma de os Estados Unidos preservarem seu *status* de superpotência mundial e manterem uma ordem internacional favorável a seus interesses e valores é uma política de intervenção ativa nas mais diversas partes do globo, ainda que aparentemente apenas um interesse nacional remoto esteja em jogo. A avaliação é que, não agindo dessa forma, os Estados Unidos estariam encorajando a ascensão de potências regionais que poderiam vir a confrontar a liderança norte-americana no futuro e a escalada de conflitos que poderiam atingir os Estados Unidos mais diretamente. De acordo com Kagan e Kristol:

> A preeminência norte-americana não pode ser mantida à distância, por meio de alguma versão pós-Guerra Fria da doutrina Nixon, em que os Estados Unidos se afastam e mantêm-se em estado de alerta. Ao invés disso, os Estados Unidos deveriam conceber-se como, ao mesmo tempo, uma potência europeia, uma potência asiática, uma potência médio-oriental e, obviamente, uma potência ocidental. [Os Estados Unidos] deveriam agir como se ameaças aos interesses dos nossos aliados fossem ameaças a nós, o que de fato são. Eles deveriam agir como se a instabilidade em uma região importante do mundo e a transgressão de normas de conduta civilizadas nessas regiões fossem ameaças que nos afetassem com a mesma proximidade como se estivessem acontecendo à nossa porta. Agir de outra forma faria os Estados Unidos figurarem como o parceiro menos confiável nos assuntos mundiais, o que erodiria tanto a preeminência norte-americana como a ordem internacional. (Kagan; Kristol, 2000, p.16, tradução nossa)

Essa visão mais expansiva gerou algumas reações dentro do neoconservadorismo, no sentido de conter as "aspirações universalistas" (Krauthammer, 2004, p.18) atribuídas a essa posição. Krauthammer (2004) denomina essa primeira vertente como "globalismo democrático" e opõe a ela sua própria visão, alcunhada pelo autor como "realismo democrático". Para Krauthammer, "a tentação de plantar a bandeira da democracia em todo o lugar" (Krauthammer, 2004, p.15) é um perigo do "globalismo democrático", que precisa ser temperado por um critério claro de onde intervir. E o critério, apresentado por Krauthammer como a base do "realismo democrático", é: "onde conta" (Krauthammer, 2004, p.16):

> Chame isso de realismo democrático. E este é seu axioma: nós apoiaremos democracia em todos os lugares, mas nós comprometeremos sangue e dinheiro apenas

em lugares onde existe uma necessidade estratégica – significando lugares centrais para a guerra mais ampla contra o inimigo existencial, o inimigo que apresenta uma ameaça global mortal para a liberdade [...] Onde conta hoje? Onde a derrubada do radicalismo e o início de uma democracia podem ter efeitos decisivos na guerra contra a nova ameaça global para a liberdade, o totalitarismo árabe-islâmico que nos ameaça tanto na sua forma secular como religiosa por um quarto de século desde a revolução de Khomeini em 1979. (Krauthammer, 2004, p.16)

Assim, ainda que a promoção da democracia no plano internacional seja uma estratégia constantemente presente na política externa norte-americana, representando uma "longa tradição" (Ikenberry, 1999), sua versão neoconservadora destaca-se, de acordo com Dorrien (2003), por seu caráter "essencialmente nacionalista e militarista". Quanto ao caráter nacionalista, acreditamos ter ficado claro ao longo desta obra até aqui. Abordaremos a seguir o aspecto militar.

PODER MILITAR

No início do século XX, o presidente norte-americano Theodore Roosevelt cunhou uma famosa frase que passou a designar a política externa dos Estados Unidos naquele período como a "diplomacia do grande porrete" (*"big stick diplomacy"*). A frase completa, que Roosevelt afirmou ser de um provérbio africano, dizia: "Fale manso e carregue um grande porrete; você irá longe" (*"Speak softly and carry a big stick; you will go far"*). A história encarregou-se de esquecer a parte da frase que diz respeito ao tom de voz para enaltecer a referência ao porrete. Do ponto de vista neoconservador, entretanto, o tom de voz é algo importante, mas com o sinal invertido ao preconizado por Roosevelt, ou seja, os Estados Unidos devem carregar o porrete e falar grosso.

A centralidade do poder militar no pensamento neoconservador só pode ser entendida a partir da compreensão de como esse pensamento relaciona-se com o uso da força como instrumento nas relações internacionais. Assim, se, para o pensamento liberal, as leis e as instituições devem garantir a ordem, sendo o uso da força considerado apenas como *ultima ratio*, para o pensamento neoconservador a força encontra-se em um patamar mais elevado na lista de prioridades. Negligenciando a eficácia da legislação e das instituições internacionais, preferindo confiar no "poder" e não no "papel" como base das relações internacionais (Krauthammer, 2002/2003; Boot, 2004), o neoconservadorismo entende que o uso da força é sempre uma alternativa a ser constantemente considerada.

A importância que o pensamento neoconservador dá ao poder militar é, entretanto, uma característica compartilhada com outras correntes conservadoras no universo político norte-americano. Para Nau (2004), um dos princípios que unem os conservadores norte-americanos é a crença de que, ao contrário do preconizado pelo liberalismo, o poder militar de determinada nação tem mais peso que seu poder econômico ou diplomático. No entanto, a ênfase na importância do poder militar frequentemente causa conflitos dentro do conservadorismo quando se leva em consideração a tendência do conservadorismo norte-americano em diminuir o papel do Estado notadamente por meio de cortes de impostos. Como a manutenção de um aparato militar é algo custoso, a necessidade de manter tal aparato choca-se com a diminuição dos recursos disponíveis pelo Estado. Esse conflito é resolvido normalmente de duas formas, que acabam por caracterizar duas importantes manifestações do conservadorismo norte-americano – ou adota-se uma postura isolacionista, intervindo militarmente apenas nos casos de agressão direta, ou adota-se uma política externa normalmente associada a uma "prudência" preconizada pelo realismo, de intervenções pontuais e forças armadas enxutas.

Todavia, conforme explicitado anteriormente, os neoconservadores encontram-se no extremo oposto dos isolacionistas, defendendo uma política externa de caráter fortemente internacionalista que considera o interesse nacional de uma grande potência e, especificamente, o interesse nacional dos Estados Unidos, como distinto do das demais nações, e desemboca em uma defesa de intervenções constantes nas mais diversas partes do globo. Nesse sentido, o discurso neoconservador de aumento dos gastos militares está perfeitamente de acordo com a defesa de um governo forte e de sua condescendência com o Estado de Bem-Estar Social,[17] tão criticado pelas demais correntes conservadoras norte-americanas. Em 1996, por exemplo, quando a Guerra Fria já havia sido deixada para trás e os ataques terroristas de 2001 ainda eram uma realidade distante, Kagan e Kristol (1996) alertavam para os cortes nos gastos militares (caracterizando-os como uma "crise no orçamento militar") e defendiam um aumento "de 60 a 80 bilhões" de dólares nos gastos anuais. Em outro texto, de 2000, os autores falavam em um aumento da ordem de "60 a 100 bilhões por ano" e questionavam: "O objetivo de manter a primazia norte-americana não vale um aumento nos gastos com defesa de 3% para 3,5% do PIB [Produto Interno Bruto]?" (Kagan; Kristol, 2000, p.15). Além disso, esses autores argumentavam que a construção de um sistema de defesa antimísseis seria condição *sine qua non* para a estratégia de preservação da hegemonia norte-americana, a partir da avaliação de que a proliferação de armas de destruição em massa nas mãos de potências menores representa um risco para a estratégia norte-americana e que "apenas um Estados Unidos razoavelmente bem protegido de chantagens de armas nucleares, biológicas ou químicas poderá moldar o

---

[17] Ver Capítulo 2, especialmente nota de rodapé 18.

ambiente internacional de acordo com seus interesses e princípios" (Kagan; Kristol, 2000, p.17). Tal sistema é frequentemente criticado por aqueles que defendem a manutenção de um balanço estratégico internacional, pois isso alteraria o equilíbrio de forças a favor de um único país. Note-se, no entanto, que a construção de um sistema antimísseis também é defendida pelos "isolacionistas" norte-americanos, a partir de um ponto de vista que entende que os Estados Unidos devem concentrar-se na defesa de seu território e evitar envolvimentos em outros países. O argumento neoconservador, por outro lado, parte do princípio de que tal sistema faz parte da estratégia do fortalecimento da primazia norte-americana no sistema internacional.

Na mesma direção, Donald Kagan (2000) argumentava contrariamente à noção de "pausa estratégica" defendida por alguns analistas em virtude da vitória dos Estados Unidos na Guerra Fria, e avaliava que essa vitória deveria ser encarada como uma oportunidade de aprofundar a vantagem estratégica norte-americana, voltando aos níveis de gastos em defesa despendidos durante o período bipolar. De acordo com o autor, isso seria especialmente importante na medida em que os aliados norte-americanos na Otan passavam por um período de cortes de gastos militares ainda maiores do que os empreendidos pelos próprios Estados Unidos, de modo que, conforme Kagan, "as únicas forças que os Estados Unidos podem confiar que existirão e estarão prontas para deter ou opor-se a agressores regionais são as nossas próprias" (Kagan, 2000, p.260). Adicionalmente, o autor avaliava que, no novo cenário pós-Guerra Fria, os Estados Unidos deveriam estar preparados não apenas para deter um inimigo específico, "mas todo e qualquer possível futuro inimigo" (Kagan, 2000, p.265). Para Perle (2003), a convenção de que a força deve ser usada apenas como último recurso requer um entendimento mais sofisticado. De acordo com o autor:

> [...] às vezes existem situações que só podem ser resolvidas eficazmente com o uso da força. E, se isso pode ser razoavelmente antecipado no princípio, é insensato, perigoso e custoso entregar-se a um período prolongado de medidas políticas e econômicas ineficientes, apenas para voltar-se ao poder militar após a situação se deteriorar e os custos militares e humanos são muito maiores. (Perle, 2003, p.69)

Conforme mencionado no início desta seção, não apenas o discurso neoconservador defende fortes investimentos na capacidade militar a partir do entendimento de que o poder militar se sobrepõe a outras instâncias de poder, como parte do princípio de que os Estados Unidos devem, ao contrário do recomendado na primeira parte da famosa frase cunhada por Roosevelt, falar grosso. Do ponto de vista neoconservador, isso é importante na medida em que serviria para dissuadir potenciais inimigos. Assim, Kagan e Kristol (1996) defendem que os Estados Unidos devem "deixar claro que é inútil competir com o poder norte-americano":

Hoje em dia, alguns críticos reclamam do fato de os Estados Unidos gastarem em defesa mais do que as próximas seis grandes potências somadas. Mas a enorme disparidade entre a força militar norte-americana e a de qualquer rival em potencial é uma coisa boa para os Estados Unidos e para o mundo. Afinal, o papel dos Estados Unidos no mundo é totalmente diferente do das demais potências. Quanto mais Washington puder deixar claro que é inútil competir com o poder americano, tanto em tamanho das forças como em capacidade tecnológica, menos a chance de países como China e Irã ambicionarem perturbar a atual ordem mundial. (Kagan; Kristol, 1996, p.26)

Para esses autores, o fortalecimento do poderio militar norte-americano em todas as partes do globo teria o propósito de enviar uma "mensagem para potenciais inimigos: 'nem pense nisso'" (Kagan; Kristol, 2000). Note-se que essa postura diverge profundamente da lógica realista, que entende que o fortalecimento de um elemento do sistema internacional induz a um esforço de balança para manter suas posições no sistema (Waltz, 2002, p.176). Os neoconservadores, por outro lado, ao rejeitarem a lógica do equilíbrio de poder,[18] tendem a defender a lógica alternativa do "aliar-se ao mais forte" (*bandwagoning*).[19] A diferença entre ambas é clara. Da ótica realista, a busca dos Estados por sua segurança leva a um comportamento defensivo contra nações que os ameacem por meio de coligações com outros Estados, configurando uma situação de constante equilíbrio no sistema internacional. Sob a ótica neoconservadora, o fortalecimento dos Estados Unidos até o ponto de não encontrar competidores à altura é visto como algo positivo por seus aliados e encarado como dissuasório das ações de seus adversários, de forma que, no limite, a hegemonia norte-americana é encarada como o melhor cenário disponível.

Entretanto, após os ataques de 11 de setembro de 2001, a "ressurreição" do neoconservadorismo deu-se sob um pensamento estratégico ainda mais ousado. É bem verdade que muitos neoconservadores de destaque já defendiam anteriormente que os Estados Unidos deveriam agir "preferencialmente antes do irrompimento das crises" (Kagan; Kristol, 2000, p.14), mas os ataques terroristas daquele ano reforçaram a revisão dos conceitos de contenção e dissuasão consagrados no período da Guerra Fria. Do ponto de vista neoconservador, as estratégias do passado não seriam adequadas para lidar com "Estados-pária" (*"rogue states"*) e organizações terroristas de caráter global, porque a natureza dos atores é distinta. Para Krauthammer:

> Em um mundo de terroristas, Estados terroristas e armas de destruição em massa, a opção da preempção é especialmente necessária. No mundo bipolar da Guerra

---

[18] Para a postura neoconservadora em relação ao equilíbrio de poder, ver Capítulo 4.
[19] A expressão "aliar-se ao mais forte" para referir-se ao termo *bandwagoning* consta na tradução portuguesa da obra de Waltz (2002), utilizada neste livro.

Fria, com um adversário não suicida, a dissuasão poderia funcionar. A dissuasão não funciona contra pessoas que anseiam pelo paraíso. Ela não funciona contra aqueles que não podem ser dissuadidos. E ela não funciona contra aqueles que não podem ser detectados: regimes inimigos não suicidas que podem atacar por meios clandestinos – uma pasta com artefato nuclear ou distribuição anônima de antrax. Tanto contra aqueles que não podem ser dissuadidos como contra aqueles que não podem ser detectados, a preempção é a única estratégia possível. (Krauthammer, 2004, p.11)

Assim, a partir da constatação de que alguns Estados não poderiam ser contidos mediante a simples ameaça do uso da força, delineia-se uma estratégia de caráter mais ofensivo, com a intenção de combater ativamente uma possível ameaça antes que ela se materialize, ainda que não represente um perigo imediato. Nesse sentido, Perle (2003) argumenta que os ataques de 11 de setembro teriam ensinado aos Estados Unidos a lição de que não poderiam mais cometer "o erro de esperar demais" antes de lidar efetivamente com as ameaças. Entretanto, é necessário esclarecer uma questão conceitual importante, que muitas vezes passa ao largo de grande parte das análises. De acordo com o *Dictionary of Military and Associated terms* [*Dicionário de termos militares*] do Departamento de Defesa dos Estados Unidos, um ataque preemptivo[20] é definido como "um ataque iniciado com base em evidências incontestáveis de que um ataque inimigo é iminente".[21] De fato, muitos analistas, incluindo muitos de inclinação neoconservadora, utilizam o conceito de ataque preemptivo quando na verdade querem se referir a outro termo, qual seja, o de guerra preventiva. Na definição do *Dicionário de Termos Militares*, guerra preventiva é entendida como a "guerra iniciada a partir da crença de que um conflito militar, mesmo não iminente, é inevitável, e que atrasá-la envolveria grandes riscos".[22]

Assim, entendemos que a estratégia da guerra preventiva possui pelo menos duas diferenças importantes em relação ao ataque preemptivo. A primeira, de ordem temporal, pois a lógica por trás da iniciação de uma guerra preventiva é impedir que uma ameaça se concretize em um futuro mais distante, mesmo não havendo evidências imediatas de um ataque inimigo. A segunda diferença refere-se à natureza subjetiva dos indícios que levariam à efetivação do ataque. Para Daalder, Lindsay e Steinberg (2002), tal estratégia, por silenciar quanto às circunstâncias em que se deve iniciar o ataque, deixa espaço para ser utilizada de forma muito ampla.

---

[20] Por falta de uma tradução melhor para a palavra *preemption*, usaremos os termos preempção e ataque preemptivo (ou, no original, *preemptive attack*) para poder diferenciar claramente da ideia de guerra preventiva, explicada a seguir.

[21] *Preemptive attack*. In: *DOD Dictionary of military and associated terms*. Washington, 2005. Disponível em: <http://www.dtic.mil/doctrine/jel/doddict/data/p/04159.html>.

[22] *Preventive war*. In: *DOD Dictionary of military and associated terms*. Washington, 2005. Disponível em: <http://www.dtic.mil/doctrine/jel/doddict/data/p/04195.html>.

A utilização oficial do termo preempção, portanto, se dá porque esta – apesar de utilizada raramente – é uma opção reconhecida pela legislação internacional, ao passo que a guerra preventiva não o é. Assim, um exemplo frequentemente citado de ataque preemptivo é o ataque israelense ao Egito e à Síria, que deu início à Guerra dos Seis Dias de 1967. Naquele momento as evidências disponíveis, com tropas árabes posicionando-se nas fronteiras de Israel, levavam à conclusão de que um ataque era iminente, o que justificaria uma ação por parte daquele país. Por outro lado, a Guerra do Iraque de 2003, amplamente apoiada pelos neoconservadores, teria encaixe mais claro no conceito de guerra preventiva, dada a ausência de "evidências incontestáveis" de um ataque "iminente", que caracteriza o ataque preemptivo.

Desse modo, a partir de 11 de setembro de 2001, o discurso neoconservador passou a incorporar a ameaça terrorista como um fator premente para o incremento do poderio militar norte-americano, a partir da constatação de que as estratégias utilizadas durante a Guerra Fria não eram mais válidas no novo cenário.[23] Mais do que nunca, a visão era de que os Estados Unidos tinham o direito e a obrigação de exercer seu poder no plano internacional. Thomas Donnelly (2003) aponta quatro fatores que suportariam o "vigoroso exercício do poder nacional norte-americano" decorrente da aplicação da estratégia de guerra preventiva. Em primeiro lugar, o formidável poderio norte-americano na atualidade, o que lhes daria os meios econômicos, militares e diplomáticos para "realizar seus propósitos geopolíticos de expansão". Em seguida, o autor assinala que as ameaças não são mais constituídas por grandes potências, mas por "Estados-pária" (*rogue states*) e pelo terrorismo islâmico, que não poderiam ser combatidos da mesma forma. Um terceiro fator seriam as oportunidades para "expandir a *pax americana*", mediante a promoção da democracia. Finalmente, Donnelly aponta como um fator que sustentaria o exercício ativo do poder norte-americano a "responsabilidade sistêmica" desse país na manutenção de uma ordem mundial liberal.

---

[23] Neste ponto é interessante notar a concordância de Henry Kissinger com as análises neoconservadoras. Kissinger afirma que a natureza da ameaça do terrorismo transnacional estaria transformando o próprio conceito de soberania do Estado-nação, uma vez que não seria aceitável que países que dão apoio a terroristas "refugiem-se atrás de noções tradicionais de soberania". Assim, ataques preventivos seriam uma estratégia adequada, pois, "não tendo território a defender, os terroristas não estão sujeitos às ameaças dissuasórias da Guerra Fria" (Kissinger, 2002). Como secretário de Estado nos governos Richard Nixon e Gerald Ford, Kissinger foi um dos principais responsáveis por colocar em prática as políticas de dissuasão e contenção na década de 1970.

4
NEOCONSERVADORISMO E TEORIAS DAS RELAÇÕES INTERNACIONAIS

A partir da análise do pensamento neoconservador em política externa nos Estados Unidos, uma questão a ser levada em consideração é identificar qual paradigma teórico de relações internacionais se aproxima da visão oferecida pelo neoconservadorismo. A fim de tentar responder tal questionamento, consideraremos dois polos distintos que constituem o clássico debate teórico no campo das relações internacionais – o realismo e o liberalismo, particularmente sua manifestação "idealista". Outras abordagens seriam possíveis tendo em vista os diversos debates surgidos no campo das relações internacionais, principalmente a partir da década de 1970, mas escolhemos nos ater ao debate clássico a fim de proceder a uma análise mais enxuta e que contempla o debate já existente nos Estados Unidos.[1] Portanto, o objetivo aqui é apenas expor e sistematizar tal debate.

Antes de avançarmos, é fundamental fazer uma importante ressalva. Conforme discutido na Introdução, não consideramos adequado classificar o neoconservadorismo como uma teoria de relações internacionais, sendo "doutrina" o termo mais apropriado. Registre-se, entretanto, que outros autores, como Williams (2005) e Mearsheimer (2005), consideram explicitamente que o neoconservadorismo pode ser de fato encarado como uma teoria de relações internacionais. Como essa não é a postura adotada neste livro, algumas dificuldades poderiam surgir a partir do momento em que pretendemos contrapor uma doutrina a duas – assim consideradas – teorias. Porém, a despeito de quaisquer discussões epistemológicas, acreditamos ser possível tal empresa, pois tanto as doutrinas quanto as teorias têm um

---

[1] Uma das análises possíveis seria a partir de uma abordagem construtivista, visto que, entre outras coisas, o neoconservadorismo dá ampla importância ao papel das ideias.

conjunto de premissas que as sustentam. Vamos nos ater, assim, a essas premissas, e não a eventuais capacidades explicativas.

Entretanto, antes de discorrer sobre o lugar do pensamento neoconservador em política externa nos discursos teóricos das relações internacionais, faz-se necessária uma síntese de tais abordagens. Não será a pretensão desta síntese abarcar tais discursos como um todo, mas, principalmente, identificar sucintamente quais as premissas centrais presentes neles, com o intuito de contrapô-las às premissas assumidas pelo neoconservadorismo, de modo que a exposição das teorias aqui apresentadas certamente pecará pela simplificação.

BREVE HISTÓRICO

Pouco antes da eclosão da Primeira Guerra Mundial, o inglês Norman Angell já começara a trabalhar em alguns textos que dariam origem ao livro *A grande ilusão*, de 1910. A partir do ambiente da corrida armamentista e imperialista entre as potências europeias de então e do fortalecimento dos sentimentos nacionalistas, principalmente na França e na Alemanha – explicitado de forma brutal no conflito franco-prussiano –, Angell desenvolve sua argumentação a fim de apelar para a racionalidade dos homens públicos e da população europeia e convencê-los da suposta inutilidade da guerra. O autor explora a ideia de que o incremento no poder militar não traria vantagens comerciais para as nações, e a guerra, por sua vez, seria desvantajosa e ineficaz do ponto de vista econômico para todos os países envolvidos. Assim, Angell avalia que a atitude racional seria abdicar da guerra como instrumento na política internacional. Nessa visão, de caráter majoritariamente normativo, podem ser apontadas algumas raízes nos trabalhos de Abade de Saint-Pierre e Immanuel Kant. Posteriormente, a perspectiva adotada por autores dessa matriz, cujas raízes remontam à tradição liberal consagrada a partir do Iluminismo, foi denominada idealismo.

A vertente norte-americana do idealismo, fruto evidentemente das características específicas daquele país, seria personificada na figura do presidente Woodrow Wilson. O wilsonianismo, como ficou conhecido, está profundamente ligado à tradição missionária norte-americana que entende ser a missão dos Estados Unidos difundir a democracia no mundo. De acordo com Kissinger, os princípios do wilsonianismo são: "que a paz depende da propagação da democracia, que os Estados deveriam ser julgados pelos mesmos critérios éticos que os indivíduos, e que o interesse nacional consiste em aderir em um sistema universal de leis" (Kissinger, 1994, p.30). Mead (2001) aponta que os dois principais objetivos do wilsonianismo são: a promoção da democracia, a partir de um entendimento que as democracias são parceiros mais confiáveis e menos propensos a guerras, e a prevenção da guerra, por meio, principalmente, de instituições internacionais.[2]

Embutida na estratégia wilsoniana está uma visão de ordem mundial que enxerga a confiança entre as nações e a lei internacional como pilares, em vez do equilíbrio de poderes e a autoafirmação que eram partes da tradicional visão europeia (Kissinger, 1994, p.45). Nessa direção, de acordo com Mead, os wilsonianos têm uma "visão benigna do mundo" (Mead, 2001, p.289) e acreditam na possibilidade de converter "o mundo hobbesiano das relações internacionais em uma comunidade política lockeana" (Mead, 2001, p.245). A partir dessas concepções, Wilson desenvolveria o conceito que ficou conhecido como "segurança coletiva", partindo do princípio de que a paz não deveria ser garantida mediante o equilíbrio de poder, mas por uma "comunidade de poder" com base em um consenso moral por parte das nações "amantes da paz" (Kissinger, 1994, p.51).

> Para institucionalizar esse consenso, Wilson propôs a criação da Liga das Nações, uma instituição tipicamente norte-americana. Sob os auspícios dessa organização mundial, o poder sucumbiria à moralidade, e a força das armas, aos ditados da opinião pública [...] A preservação da paz não mais adviria do tradicional cálculo de poder, mas de um consenso mundial amparado por um mecanismo de policiamento. Um grupo universal de nações majoritariamente democráticas atuaria como "curadores da paz", e substituiria o velho equilíbrio de poderes e o sistema de alianças. (Kissinger, 1994, p.52)

Mearsheimer (2005) destaca que o idealismo insere-se no contexto das teorias liberais que, para o autor, compartilham três premissas principais. A primeira, de que os Estados são os principais atores no sistema internacional. A segunda premissa seria a ênfase nas características domésticas dos Estados como elemento determinante em seu comportamento. Essa premissa normalmente tem como consequência a crença de que as democracias são preferíveis a outras formas de governo. Finalmente, Mearsheimer destaca que, para os liberais, considerações de ordem econômica e política são mais importantes do que cálculos de poder por parte dos Estados. Além desses elementos, destacamos anteriormente outros que compõem particularmente o idealismo norte-americano nas relações internacionais: substituição das relações de poder entre as nações por considerações morais, fé na legislação e em instituições internacionais para regular os conflitos, segurança coletiva

---

[2] É importante deixar claro que estamos tratando do wilsonianismo como o conjunto de ideias consagrado no debate norte-americano de relações internacionais, e não da política externa efetivamente levada a cabo por Woodrow Wilson. Alguns analistas entendem que Wilson foi o presidente que mais recorreu ao uso da força na história dos Estados Unidos. Ver, por exemplo: CALHOUN, Frederick. *Power and Principle: Armed Intervention in Wilsonian Foreign Policy*. Kent, Ohio: Kent State University Press, 1986.

e promoção da democracia como principais mecanismos de manutenção de uma ordem internacional pacífica, e visão da paz como condição natural a partir de uma recusa da natureza hobbesiana das relações internacionais.

Entretanto, a eclosão das duas Guerras Mundiais e o fracasso da Liga das Nações proposta por Wilson enfraqueceram consideravelmente essa posição. Uma das críticas mais contundentes viria do autor inglês E.H. Carr, considerado por muitos um dos principais responsáveis pela demarcação das relações internacionais como campo de estudos. Em sua crítica contundente ao trabalho de Norman Angell e a Wilson, classificados por Carr como "utópicos", o autor pretendia delinear uma visão alternativa, que levaria em consideração não o mundo como ele deve ser, mas como o é de fato – daí a alcunha de realismo. Para Carr, a posição utópica referir-se-ia ao "estágio primitivo" das ciências políticas, em que os pesquisadores importam-se menos com os fatos e mais com a "elaboração de projetos visionários para a consecução dos fins que têm em vista" (Carr, 2001, p.8). "É somente quando esses projetos desmoronarem", afirma Carr, "que os pesquisadores relutantemente pedirão auxílio à análise, e o estudo, emergindo de seu período infantil e utópico, estabelecerá seu direito de ser visto como ciência" (Carr, 2001). Evidentemente, Carr não inaugurou o realismo político nas relações internacionais – suas bases já se encontravam em autores como Hobbes e Maquiavel, e seus princípios já estavam enraizados na política europeia pelo menos desde o século XVII, com Richelieu.

Posteriormente, a teoria realista foi mais bem estruturada nos trabalhos de Hans Morgenthau, alemão de família judaica que deixou sua terra natal em 1932, fixando-se nos Estados Unidos a partir de 1935. Em 1948, Morgenthau escreveria aquela que viria a ser uma das obras fundamentais nos estudos das relações internacionais: *A política entre as nações*.[3] Nessa obra, Morgenthau articula pela primeira vez, de forma sistemática, os princípios da teoria realista no âmbito das relações internacionais, expondo os "seis princípios do realismo político". Dentre eles, podemos destacar o conceito de "interesse definido em termos de poder", situando a política como "esfera autônoma de atuação" (Morgenthau, 2003, p.6). Aqui, Morgenthau pretendia diferenciar as motivações pessoais de ordem moral da ação política propriamente dita, a fim de evitar, entre outros vícios, as "interpretações demonológicas, que substituem a realidade dos fatos por outra, fictícia, povoada por pessoas malvadas, mais do que por questões aparentemente intratáveis" (Morgenthau, 2003, p.11). Nesse ponto, o autor não poupa críticas ao que ele chama de pensamento norte-americano em política internacional, "pela persistência de atitudes equivocadas", citando o macarthismo como exemplo de enfoque demonológico (Morgenthau, 2003, p.10-4). Para

---

[3] A obra teve sete edições (1948, 1954, 1960, 1967, 1973, 1978 e 1985), e foi continuamente revisada.

Morgenthau, "uma teoria realista da política internacional evitará, portanto, duas falácias populares: a preocupação com motivos e a preocupação com preferências ideológicas" (Morgenthau, 2003, p.7).

Outro conceito central para a teoria realista, que também foi desenvolvido por Morgenthau, é o de equilíbrio de poder, entendido como "um estado de coisas real, em que o poder é distribuído entre as várias nações, com uma igualdade aproximada" (Morgenthau, 2003, p.321). A ideia de equilíbrio de poder – já presente em trabalhos de outros autores bem anteriores a Morgenthau,[4] e fundamental em sua obra e de todos os realistas e neorrealistas – torna-se assim o elemento cuja função é evitar que um país conquiste a supremacia sobre os demais. O autor neorrealista Kenneth Waltz (2002), por exemplo, considera o equilíbrio de poder o conceito central das relações internacionais. Nessa visão, o número mínimo de elementos na balança seriam dois, a equilibrarem-se mutuamente – como foi o caso clássico durante a Guerra Fria. Escrevendo na década de 1970, Waltz afirma que "a interdependência tende a decrescer à medida que o número de grandes potências diminui; *e dois é o menor número possível*" (Waltz, 2002, p.201, grifo nosso).

Para Mearsheimer (2005), as teorias realistas partem de três princípios fundamentais. O primeiro deles, assim como o liberalismo, é a consideração dos Estados como principais atores na política internacional, mas com foco principalmente nas grandes potências.[5] O segundo elemento que baseia as teorias realistas é de que, ao contrário da visão liberal, o comportamento dos Estados é determinado por características externas, ou seja, de natureza sistêmica. Assim, a abordagem realista tende a dar pouca ou nenhuma importância a questões de ordem doméstica. O terceiro argumento das teorias de inspiração realista, de acordo com o autor, é que os Estados são dominados por cálculos de poder, o que gera constante competição por poder no sistema internacional. Assim, destaca-se a importância da força militar na análise realista.

NEOCONSERVADORISMO E IDEALISMO

A partir dessas constatações, verifica-se a dificuldade em inserir o pensamento neoconservador em política externa em alguma dessas teorias. Dada a preva-

---

[4] Já por volta do ano 400 a.C., Tucídides preocupava-se com o equilíbrio de poder entre as cidades-Estado da Hélade, assim como Maquiavel em relação a Florença e os Estados ao seu redor. Grocius, Hume e outros trataram explicitamente do tema em seus escritos.

[5] Mearsheimer não deixa claro, mas seria importante enfatizar que, enquanto para o realismo os Estados são os únicos atores *relevantes* no sistema internacional, as abordagens liberais, embora considerem a centralidade do Estado, também levam em conta outros atores. Para uma abordagem liberal que enfatiza a importância de atores não estatais, ver, por exemplo, KEOHANE, Robert O.; NYE, Joseph S. *Power and Interdependence*. 2.ed. Nova York: Harper Colins, 1989.

lência das considerações morais e a importância da democracia na perspectiva neoconservadora, muitos analistas tendem a ver a proximidade desta com a tradição liberal wilsoniana. De fato, o neoconservadorismo possui pontos de contato com o wilsonianismo, como a importância atribuída às características domésticas dos Estados, acima das considerações sistêmicas; a ideia de que os Estados devem ser julgados pelos mesmos critérios éticos que os indivíduos; e a ideia da promoção da democracia tanto como um valor a ser defendido como forma de obter uma ordem internacional pacífica. Dadas essas características, algumas análises apontam que "na disputa entre realistas e idealistas, os *neocons* estão firmemente no campo idealista" (Selden, 2004, p.37).

Entretanto, algumas diferenças importantes afastam fortemente o pensamento neoconservador do wilsonianismo. Primeiro, uma visão do sistema internacional diametralmente oposta, ou seja, enquanto o wilsonianismo pretende a expansão da comunidade política lockeana para as relações internacionais, a partir de uma perspectiva que acredita ser possível a superação da natureza hobbesiana desse sistema, o neoconservadorismo reafirma essa natureza e a impossibilidade de superá-la. Krauthammer critica a posição idealista, a partir do entendimento de que sua meta seria:

> Transformar o sistema internacional de um universo hobbesiano em um universo lockeano. Transformar o estado de natureza em uma comunidade com base em normas. Transformar a lei da selva no primado da lei – de tratados e contratos e resoluções da ONU. Resumindo, refazer o sistema internacional à imagem da sociedade civil doméstica. (Krauthammer, 2004, p.8)

Assim, enquanto os liberais tendiam a ver o final da Guerra Fria como o início de uma era de paz e prosperidade internacionais, sob a perspectiva neoconservadora tal momento histórico representava "um interlúdio entre o fim da Guerra Fria e o início do próximo grande conflito" (Kagan, 2000, p.241). Portanto, o neoconservadorismo enxerga os Estados Unidos como tendo de exercer seu poder "em um mundo hobbesiano anárquico, em que as leis e as diretrizes internacionais não são dignas de confiança, a verdadeira segurança, a defesa e a promoção da ordem liberal ainda dependem da posse e do uso do poderio militar" (Kagan, 2003, p.7).

Dessa forma, destaca-se a questão do poder no pensamento neoconservador – enquanto o idealismo norte-americano tende a uma espécie de sublimação do poder, substituindo-o por considerações morais, o neoconservadorismo parece querer uma união desses dois elementos, ou seja, não a moral divorciada do poder, mas a moral e o poder reforçando-se mutuamente na defesa dos ideais norte-americanos. Nesse sentido, ambos rejeitam a noção maquiavélica de subordinação da moral à política, mas, ao passo que o wilsonianismo inverte a equação, o neoconservadorismo nega a própria premissa de que deveria haver uma separação entre ambos.

Finalmente, uma característica que reforça o afastamento entre o wilsonianismo e o neoconservadorismo é o papel atribuído às instituições e às leis internacionais. Ao passo que, para o primeiro, as instituições são um elemento fundamental para a manutenção da paz e a base para a criação de mecanismos de segurança coletiva, o último normalmente as enxerga como um obstáculo para a consecução dos objetivos norte-americanos.[6] Nessa direção, Stelzer afirma que o

> [...] neoconservadorismo é wilsonianismo com uma enorme diferença. Wilson acreditava que seus objetivos poderiam ser atingidos por meio da confiança no poder de persuasão de instituições multilaterais como a Liga das Nações. Os neocons discordam. Eles fariam a democracia possível mediante a deposição de regimes ditatoriais que ameaçassem a segurança norte-americana e a ordem mundial – usando a força militar se outros recursos falhassem; eles buscariam uma mudança de regime com *nation-building*; e eles se apoiariam em *"coalition of the willing"*, ao invés das Nações Unidas. (Stelzer, 2004, p.9)

Assim, Wolf entende que o neoconservadorismo é "wilsoniano nos fins, mas antiwilsoniano nos meios" (Wolf, 2003). Para Boot, os neoconservadores são "*'hard wilsonians'*, que depositam sua fé não em pedaços de papel, mas no poder, especificamente, no poder norte-americano" (Boot, 2004, p.49). Portanto, assim como o wilsonianismo, o neoconservadorismo também é internacionalista. No entanto, trata-se de uma perspectiva distinta, pois é um internacionalismo que atribui aos Estados Unidos, e não a quaisquer tipos de arranjos institucionais supranacionais, o papel de conduzir a ordem internacional. Nessa direção, Kagan avalia que

> [...] o internacionalismo americano não é supranacional em sua orientação. Nesse sentido, Woodrow Wilson foi uma aberração porque, como regra, o internacionalismo americano é um internacionalismo *nacionalista* [...] Ele procura uma ordem liberal, certamente, mas com o poder americano ao centro e com os Estados Unidos como a nação indispensável. (Kagan, 2002, p.138-9, tradução nossa, grifo do autor)

Para Krauthammer, o neoconservadorismo (ou "globalismo democrático", nas palavras do autor)

> [...] não é wilsoniano. Sua atratividade está precisamente no fato de que ele compartilha a perspicácia do realismo sobre a centralidade do poder. Sua atratividade está precisamente no fato de que ele tem um adequado desprezo pelos legalismos fictícios do internacionalismo liberal. (Krauthammer, 2004)

---

[6] Para a visão neoconservadora acerca de instituições internacionais, ver Capítulo 3.

Desse modo, a partir da avaliação de que o internacionalismo liberal procura "conter", "amarrar" e "subordinar" o poderio norte-americano aos interesses de outras nações, em busca de uma hipotética "comunidade internacional", Krauthammer (2004) não apenas rejeita essa visão como a considera hostil aos interesses de uma grande potência com pretensões hegemônicas. Esse autor critica a posição liberal também porque estaria excessivamente atrelada a questões humanitárias e consideraria "egoísta" a busca de objetivos compatíveis com o que o autor entende como os interesses de uma "grande potência" – intervenções militares com o fim de "moldar o ambiente internacional mediante a projeção de poder no exterior para assegurar bens econômicos, políticos e estratégicos" (Krauthammer, 2004, p.5).

NEOCONSERVADORISMO E REALISMO

Assim, a partir de uma avaliação de que o neoconservadorismo ressalta a natureza hobbesiana do sistema internacional, enfatizando mais a dimensão do conflito que da cooperação e dando especial importância ao poderio militar, pode-se chegar a alguma conclusão que aproxime o pensamento neoconservador da perspectiva realista em relações internacionais. De fato, muitas análises se apegam a essa conclusão. No entanto, as diferenças nesse caso são tão ou mais profundas quanto aquelas que afastam o neoconservadorismo da postura idealista.

O primeiro elemento que vem à tona é, conforme registrado anteriormente, em relação ao papel do poder. Se, por um lado, o idealismo wilsoniano tende a minimizar a importância das considerações de poder, e a reforçar as considerações morais por outro, o realismo encontra-se no extremo oposto. Para este, o poder é o conceito central da política internacional, e a moralidade, ainda que possua papel importante, fica relegada a segundo plano. Para Morgenthau, a importância de se raciocinar em interesse definido em termos de poder, para o realismo, era evitar "duas falácias populares: a preocupação com motivos e a preocupação com preferências ideológicas" (Morgenthau, 2003, p.7). Tais considerações deixam clara a distância que separa o realismo do neoconservadorismo, visto que, para este, tanto as motivações dos Estados quanto as questões ideológicas ocupam papel central. Rose destaca esse ponto ao avaliar que a principal diferença entre ambos os campos seria que

> [...] os neoconservadores enfatizam ideologia, enquanto realistas enfatizam poder. Os neoconservadores veem as relações globais como um choque entre sistemas, com nações competindo não apenas por elas mesmas, mas também em nome de movimentos ideológicos mais amplos. Os realistas veem as relações internacionais

como uma disputa por poder entre os Estados, com os interesses nacionais superando as preocupações ideológicas na maior parte do tempo. (Rose, 2000, p.42)

Assim, o neoconservadorismo avalia o realismo como fundamentalmente amoral, pondo de lado um componente que é central no pensamento neoconservador em política externa – a questão moral/ideológica. Mead aponta que este, sendo dever moral, leva à "procura de monstros que a maioria dos pensadores realistas geralmente contenta-se em não molestar" (Mead, 2004, p.91). Essa distinção faz com que, enquanto o realismo normalmente busca a estabilidade e o equilíbrio, o neoconservadorismo tende a favorecer a mudança, como é o caso da defesa do *regime change*.[7] Nesse sentido, Podhoretz critica o realismo por sua "grande aspiração por estabilidade" (Podhoretz, 2005, p.32). Por essa razão, Rose (2000) considera que, enquanto os realistas enfatizam a ordem, esperando que isso leve a uma situação de justiça, os neoconservadores invertem a equação, buscando primeiro a justiça e esperando pela ordem.

Outro elemento central nas abordagens realistas, e que não encontra paralelo no pensamento neoconservador, é o conceito de equilíbrio de poder. A ideia de equilíbrio de poder é o corolário da crença realista que, partindo de uma visão sistêmica, explica o comportamento dos Estados por meio de fatores externos. Para Morgenthau, o equilíbrio de poder existe independentemente da vontade dos Estados: "o equilíbrio de poder e as políticas traçadas para preservá-lo não são apenas inevitáveis, mas são também um elemento estabilizador essencial em uma sociedade de nações soberanas" (Morgenthau, 2003, p.322). Portanto, a função principal do equilíbrio de poder seria "evitar que um elemento conquiste a supremacia sobre os demais" (Morgenthau, 2003, p.324). Desse modo, tanto a premissa (visão sistêmica) quanto a consequência (equilíbrio de poder) do raciocínio realista não fazem parte da ótica neoconservadora, que, assim como as teorias de inspiração liberal, privilegia fatores domésticos na explicação do comportamento dos Estados. Além disso, como partem do princípio de que os Estados Unidos não são apenas uma dentre as demais nações, os neoconservadores tendem a atribuir a esse país uma condição de supremacia,[8] que contrasta fortemente com o receituário realista com base no equilíbrio de poder.

Ora, se da perspectiva liberal ou wilsoniana a ordem internacional é mantida principalmente por arranjos institucionais supranacionais, enquanto, para o realismo, esse papel é desempenhado por mecanismos de

---

[7] Ver Capítulo 3. Note-se que estabilidade e equilíbrio são princípios associados ao pensamento conservador, que repudia mudanças rápidas – para maior compreensão deste ponto, o Capítulo 2 pode ter alguma utilidade.
[8] Ver Capítulo 3.

equilíbrio de poder, qual seria o elemento mantenedor da ordem na visão neoconservadora, visto que o neoconservadorismo rejeita ambos? A resposta neoconservadora é que tal papel deve ser desempenhado pelos próprios Estados Unidos, entendidos como o centro da política internacional. Para Caesar, os neoconservadores "enxergam o papel da nação – pelo menos *dessa* nação – como sendo o núcleo das relações internacionais, hoje, mais do que nunca" (Caesar, 2000, p.40, grifo do autor). Assim, o autor considera que os Estados Unidos devem ter um entendimento como nação "diferente dos outros porque nosso poder e responsabilidade são diferentes" (Caesar, 2000, p.41). Para Krauthammer:

> No mundo unipolar que habitamos, a estabilidade que gozamos hoje é devida ao esmagador poder e ameaça de contenção dos Estados Unidos. Se alguém invade sua casa, você chama a polícia. Quem você chama se alguém invade o seu país? Você disca para Washington. No mundo unipolar, a coisa mais próxima de uma autoridade central, de um impositor das normas, são os Estados Unidos – o poder norte-americano. (Krauthammer, 2004, p.10)

Destarte, o substituto do conceito realista de equilíbrio de poder para os neoconservadores é a ideia de hegemonia dos Estados Unidos, vista como uma situação que traria benefícios tanto para este país quanto para a manutenção de uma ordem internacional pacífica. Essa visão é exacerbada com o final da Guerra Fria e com o discurso da unipolaridade do sistema internacional. Krauthammer (1990/1991) avaliava, então, que a ordem internacional não seria produto de algum arranjo automático, e que a responsabilidade pela estabilidade internacional dependeria principalmente de ações conscientes nesse sentido por parte dos Estados Unidos. Conforme visto no capítulo anterior, os neoconservadores, ao entenderem que o fortalecimento dos Estados Unidos gera um comportamento de atração dos aliados e dissuasão dos inimigos, tendem a favorecer a lógica do "aliar-se ao mais forte" ("*bandwagoning*") no lugar da clássica lógica realista do equilíbrio de poder. A partir dessas constatações os neoconservadores passariam a defender que os Estados Unidos deveriam assumir-se como "império" (Kristol, 1997; Boot, 2001, 2003a, 2003b) e adotar uma estratégia de preservação e de fortalecimento de sua "hegemonia global" que, desse ponto de vista, teria caráter "benevolente" (Kagan; Kristol, 1996; Kagan, 1998; Krauthammer, 2002).[9]

Logo, torna-se clara a inadequação do conceito de equilíbrio de poder nesse tipo de discurso, o que realça o afastamento do neoconservadorismo em relação ao realismo. Da perspectiva realista, a unipolaridade é vista como

---

[9] Ver Capítulo 1.

uma aberração, e o equilíbrio de poder cedo ou tarde tende a se restabelecer. Assim, a teoria realista prevê que, em algum ponto, a potência unipolar será desafiada, e a melhor estratégia seria "antecipar esses desafios e enfocar um equilíbrio mundial que é estável e funciona na base de alianças previsíveis" (Nau, 2004). Igualmente, de acordo com Mastanduno:

> A teoria do equilíbrio de poder sugere que esforços para a preservação da unipolaridade estão fadados a ser fúteis e provavelmente contraproducentes. Ao invés disso, a estratégia racional para o Estado dominante é aceitar a inevitabilidade da multipolaridade e manobrar de modo a obter vantagens disso. (Mastanduno, 1997, p.55)

Em artigo com o sugestivo título de *"The Unipolar Illusion*: Why New Great Powers Will Rise" [A ilusão unipolar: por que grandes novos poderes surgirão], Layne (1993) apresenta os argumentos realistas que contrariam a perspectiva neoconservadora de manutenção da unipolaridade. Assim, ao passo que os neoconservadores avaliam que a força e a vontade dos Estados Unidos bastariam para manter a configuração unipolar, da perspectiva realista, as pressões sistêmicas tornariam tal esforço inútil:

> Uma política que tente dificultar a emergência do Japão e da Alemanha como grandes potências seria inútil porque as pressões estruturais os impeliriam a tornar-se grandes potências *independentemente do que os Estados Unidos façam ou deixem de fazer*. (Layne, 1993, p.46-7, grifo nosso)

Enfim, outra diferenciação crucial, frequentemente citada, entre o realismo e o neoconservadorismo é a ideia de interesse nacional. Tendo como principal variável da política internacional o interesse das nações definido em termos de poder, o realismo tende a buscar formas de quantificar e avaliar o poder de determinado país. Morgenthau (2003), por exemplo, aponta nove componentes do poder nacional: geografia, recursos naturais, capacidade industrial, grau de preparação militar, população, índole nacional, moral nacional, qualidade da diplomacia e qualidade do governo. Mearsheimer, autor realista contemporâneo, entende que o conceito de poder "é baseado nas capacidades materiais que um Estado possui. O balanço de poder, portanto, dá-se em função de bens tangíveis – como divisões armadas e armas nucleares – que cada potência controla" (Mearsheimer, 2005, p.55).

Do ponto de vista neoconservador, a ideia de interesse nacional definido em termos de poder, tal como entendido pelos realistas, seria fundamentalmente baseada na experiência europeia e, portanto, não refletiria a realidade norte-americana, tampouco a realidade norte-americana a partir do pós-Guerra Fria. Para Caesar, o que os neoconservadores entendem como o interesse nacional

> [...] começa com o ponto óbvio de que nossa relação de poder com o restante do mundo mudou drasticamente na última década. Como a única nação no mundo apta a exercer um poder significativo além de sua localização geográfica imediata, os Estados Unidos têm agora a oportunidade de impor uma ordem em todos os teatros onde as potências locais não são muito poderosas. Se essa oportunidade existe, existe também o interesse em aproveitá-la, já que ter uma ordem internacional decente claramente nos beneficia. (Caesar, 2000, p.40)

Além disso, conforme já destacado, o elemento ideológico é de fundamental importância, o que reforça a crítica neoconservadora ao realismo. Na análise de Williams:

> [...] para o neoconservadorismo, o interesse nacional não é apenas um conceito analítico nem pode ser reduzido a imperativos estratégicos materiais [...] Nessa visão, o realismo não apenas pode levar a erros teóricos, mas é destruidor da virtude política da sociedade e, portanto, é uma ameaça à própria existência da política em si. (Williams, 2005, p.310)

Assim, Krauthammer considera que a determinação realista do interesse nacional meramente em termos de poder não poderia se aplicar aos Estados Unidos. De acordo com o autor:

> Morgenthau postulava que o que guiava as nações, o que motivava sua política externa, é a vontade de poder – de mantê-lo e expandi-lo. Para a maioria dos norte-americanos, a vontade de poder pode ser uma descrição correta do mundo – do que motiva outros países –, mas não pode ser uma prescrição para os Estados Unidos. Não pode ser o nosso propósito. Os Estados Unidos não podem e não vão viver apenas de *realpolitik*. Nossa política externa deve ser guiada por algo além do poder. (Krauthammer, 2004, p.13)

A seguir, o autor resume o que poderia ser a posição neoconservadora ao afirmar que a política externa adequada aos Estados Unidos seria

> [...] uma política externa que define o interesse nacional não em termos de poder, mas em termos de valor, e que identifica um valor supremo, o que John Kennedy chamou de "o sucesso da liberdade" [...] Além do poder. Além do interesse. Além do interesse definido em termos de poder. (Krauthammer, 2004, p.14)

Assim sendo, Krauthammer avalia que o neoconservadorismo, ao contrário do realismo, "enxerga como motor da história não a vontade de poder, mas a vontade de liberdade" (Krauthammer, 2004). Dessa forma, do ponto de vista neoconservador, o conceito de interesse nacional tal como definido pelo realismo é essencialmente "estreito" e "míope" (Kristol, 1983, p.xiii) e, por essa razão, o neoconservadorismo busca seu alargamento como forma de adaptação àquilo que compreende ser o interesse de uma grande potência singular.

Como consequência, a crítica neoconservadora do conceito de interesse nacional definido pelo realismo leva normalmente à depreciação do papel desempenhado pela geopolítica na determinação desse conceito, a partir da constatação de que a análise geopolítica seria demasiadamente focada em aspectos materiais quantificáveis e que, portanto, não reproduziria a ideia norte-americana de poder como não divorciado da moral e, consequentemente, de seu interesse nacional. Assim, Leeden avalia que o interesse nacional norte-americano não deveria ser estruturado em "termos meramente geopolíticos", mas a partir de uma concepção ideológica que seja "projetada para o avanço da liberdade" (Ledeen, 1996). De acordo com Kristol,

[...] para uma grande potência, o "interesse nacional" não é um termo geográfico, exceto por temas razoavelmente prosaicos, como comércio e regulação ambiental. Uma nação menor pode sentir apropriadamente que seu interesse nacional começa e termina nas suas próprias fronteiras, assim sua política externa estará quase sempre num modo defensivo. Uma nação maior tem interesses mais extensivos. E nações grandes, cuja identidade é ideológica, como a União Soviética de ontem e os Estados Unidos de hoje, inevitavelmente têm interesses ideológicos adicionalmente às preocupações materiais. Exceto por eventos extraordinários, os Estados Unidos vão sempre sentir-se obrigados a defender, se possível, uma nação democrática sob ataque por forças não democráticas, externas ou internas [...] Não são necessários complicados cálculos geopolíticos de interesse nacional. (Kristol, 2004a, p.36)

Para Kristol e Kagan,

[...] a excepcional posição dos Estados Unidos deveria nos prevenir contra a crença de que o interesse nacional pode ser medido de uma forma quase científica, ou de que áreas de interesse nacional "vitais" podem ser localizadas, e outras excluídas puramente em termos geopolíticos. Determinar qual o interesse nacional norte--americano é uma arte, não uma ciência. Requer não apenas os cálculos de poder, mas também um exame das crenças, princípios e percepções, que não podem ser quantificados. Por isso escolhemos estadistas, e não matemáticos, para conduzir a política externa. (Kagan; Kristol, 2000, p.13, tradução nossa)

Assim, a defesa de uma política externa que seja formada por princípios ideológicos e que procura distanciar-se de concepções pretensamente neutras com base em questões materiais acaba fatalmente em um esforço por classificar as nações sob critérios morais – o que fere um elemento central da abordagem realista. A disputa política internacional passa a ser vista, então, não como "um conflito entre a liberdade e a falta de liberdade, e sim, entre o bem e o mal" (Krauthammer, 2004, p.14). O inimigo não é visto, por conseguinte, como um adversário a ser persuadido, dissuadido ou simplesmente contido, mas é frequentemente classificado como uma ameaça "existencial", fora do mesmo plano moral e muitas vezes como a personificação do mal – devendo, portanto, ser aniquilado ou, mais bem posto, transformado. Assim, por exemplo, para Kagan e Kristol, "quando o assunto é lidar com regimes tirânicos, especialmente aqueles com o poder de causar danos a nós ou a nossos aliados, os Estados Unidos não deveriam buscar coexistência, mas transformação" (Kagan; Kristol, 2000, p.20). O objetivo não é, por conseguinte, a destruição ou o enfraquecimento do país inimigo, mas trabalhar ativamente para a sua transformação interna, incluindo, como opção sempre disponível, o uso do poder militar. Mas transformar em quê? A única resposta oferecida pelo neoconservadorismo é: em uma democracia. De acordo com Krauthammer: "Em algum ponto você tem de implantar algo, algo orgânico e que se autodesenvolva. E esse algo é a democracia" (Krauthammer, 2004, p.15).[10]

O LUGAR DO NEOCONSERVADORISMO

Portanto, dada a distância que separa o pensamento neoconservador dos dois principais paradigmas clássicos das relações internacionais, muitas análises apontam no sentido de que o neoconservadorismo ofereceria a visão híbrida do realismo e do idealismo. Nessa direção, Mearsheimer destaca que o neoconservadorismo "é essencialmente um wilsonianismo com dentes. A teoria tem um elemento idealista e um elemento de poder: o wilsonianismo provê o idealismo, e uma ênfase no poder militar provê os dentes" (Mearsheimer, 2005). Para Mead, um dos marcos do pensamento neoconservador é uma "aliança entre *realpolitik* com uma política externa com base em valores" (Mead, 2004, p.90). O autor argumenta que, da perspectiva neoconservadora, "os fins são tão nobres – a preservação e a elevação da única potência capaz de liderar o mundo em uma direção positiva – que os meios realistas são totalmente justificáveis" (Mead, 2004). Kagan, por sua vez, resume o que seria a posição neoconservadora em política externa, que, de seu ponto de vista, seria coincidente com a verdadeira essência do internacionalismo norte-americano – "idealismo prático, idealismo sem utopia, internacionalismo nacionalista, liberalismo armado" (Kagan, 1999).

Talvez o melhor resumo da postura neoconservadora em política externa seja a descrição oferecida por Kristol: "um esforço engenhoso em aliar o realismo ao idealismo, de um jeito tipicamente norte-americano" (Kristol,

---

[10] Sobre a importância da democracia no pensamento neoconservador, ver Capítulo 3.

1996). Não surpreende, portanto, que algumas denominações alternativas ao neoconservadorismo preferem enfatizar suas aproximações com o realismo, ao passo que outras o fazem com relação ao idealismo. Assim, para Krauthammer (2004), a política externa neoconservadora pode ser considerada "realismo democrático", ao passo que Kaplan (2004) prefere a alcunha de "idealismo democrático". Outras análises avaliam o neoconservadorismo como um fenômeno distinto no universo das relações internacionais, "um novo animal político, nascido de um encontro improvável entre um liberalismo humanitário e a força bruta" (Halper, 2004).

A dificuldade de inserir o neoconservadorismo nos paradigmas teóricos consagrados de relações internacionais fica clara, por exemplo, no trabalho de Walter Russell Mead, um dos principais estudiosos da política externa norte-americana na atualidade. Mead agrupa os debates desta política em quatro escolas principais, que o autor baseia em figuras de destaque na história dos Estados Unidos, sendo três presidentes – Thomas Jefferson (1801-1809), Andrew Jackson (1829-1837) e Woodrow Wilson (1913-1921), além do primeiro e influente secretário do tesouro de 1789 a 1795, Alexander Hamilton (também o principal autor dos *The Federalist Papers*).

Na análise de Mead, a maior preocupação dos *jeffersonianos* é proteger a democracia norte-americana internamente, ainda que isso leve ao isolacionismo. Essa posição equivaleria à imagem apresentada anteriormente dos Estados Unidos como "farol", como a nação que deve liderar pelo exemplo. Já os *hamiltonianos* enfocam prioritariamente a questão econômica interna e internacional, favorecendo alianças entre grandes empresas e o governo, e reforçam a necessidade de os Estados Unidos integrarem-se à economia global em condições vantajosas. Poderíamos relacionar essa imagem, dentro do que foi apresentado até aqui, à ética do "homem de negócios", tal como apontada por Hass e Whiting (1956). Os *wilsonianos* acreditam que os Estados Unidos devem espalhar os valores norte-americanos pelo mundo, por uma questão tanto de obrigação moral como de interesse nacional, a fim de criar uma ordem mundial considerada justa – correspondendo ao que muitos autores apontam como a tradição missionária dos Estados Unidos. Finalmente, a imagem relacionada aos *jacksonianos* está associada a um impulso populista e belicoso, de defesa da segurança física, do bem-estar econômico e mesmo da honra nacional a qualquer custo. Dessa forma, Mead organiza o que ele considera como sendo o debate histórico na política externa dos Estados Unidos entre os nacionalistas econômicos (*hamiltonianos*), internacionalistas idealistas (*wilsonianos*), isolacionistas (*jeffersonianos*) e nacionalistas populistas (*jacksonianos*). De acordo com Mead, essas quatro imagens coexistem simultaneamente na realidade política norte-americana, combinando-se e complementando-se uma à outra, sendo que, eventualmente, uma delas prevalece sobre as demais. No entanto, caberia aos formuladores da política externa norte-americana saber articular o apoio dessas quatro escolas, comumente levando a um resultado que refletiria uma política externa híbrida entre todas ou entre algumas delas. Dentro desse ferramental teórico, Mead classifica inicialmente os neoconservadores como *"right wilsonians"* (2001), e em seguida utiliza outra denominação – *"revival wilsonians"* (2004). O autor menciona também o termo *"cold war wilsonians"* (2001) para referir-se àqueles que favoreciam uma postura mais agressiva em relação à União Soviética durante a Guerra Fria, apesar de não citar explicitamente os neoconservadores nesse ponto. De acordo com Mead, o que diferenciaria os *"revival wilsonians"* dos wilsonianos tradicionais (*"old wilsonians"*) seria a maior ênfase na conexão entre idealismo e segurança, e uma desvalorização das instituições internacionais (Mead, 2004, p.88-9). Para o autor, enquanto os wilsonianos tradicionais seriam contrabalançados pela lei e pelas instituições internacionais, o mesmo não ocorreria com os *"revival wilsonians"*. Conforme vimos ao longo deste livro, de fato essa descrição poderia caracterizar o pensamento neoconservador em política externa. No entanto, o próprio Mead caracteriza outra escola de pensamento que, pela descrição do autor e do nosso ponto de vista, aproxima-se mais do pensamento neoconservador em política externa do que o wilsonianismo, que, como vimos neste capítulo, tem profundas divergências com os preceitos assumidos pelo neoconservadorismo. Essa outra escola é o que o autor denomina de *jacksonianismo*.

Para Mead, os jacksonianos seriam a chave para a compreensão da disposição que os Estados Unidos demonstrariam para a guerra, de tempos em tempos. De acordo com o autor:

> Os jacksonianos abordam a política externa em um espírito muito diferente, em que a honra, a preocupação com a reputação e a fé em instituições militares desempenham papel muito maior [...] Ao contrário dos wilsonianos, que no fim das contas esperam converter o mundo hobbesiano das relações internacionais em uma comunidade política lockeana, os jacksonianos acreditam que é natural e inevitável que a política nacional e a vida nacional trabalhem sob princípios distintos daqueles que prevalecem nos assuntos internacionais [...] Os jacksonianos acreditam que a vida internacional é e continuará sendo violenta e anárquica. Os Estados Unidos devem ser vigilantes, fortemente armados [...] Às vezes, guerras preemptivas devem ser travadas. (Mead, 2001, p.245-6)

Ainda de acordo com Mead, "quando o sentimento jacksoniano favorece determinado curso de ação, os Estados Unidos irão muito longe, muito rápido e muito unilateralmente na busca de seus objetivos" (Mead, 2001, p.260). Para o autor, os jacksonianos são "instintivamente democráticos e populistas" (Mead, 2001, p.238) e apoiam fortemente aumentos em gastos militares e a construção de um sistema de defesa antimísseis. Mead cita Reagan como exemplo de presidente que perseguiu políticas "simpáticas à opinião jacksoniana desde o princípio" (Mead, 2001, p.240). O autor afirma ainda que, para os jacksonianos, com o final da Guerra Fria,

> [...] o objetivo fundamental da política externa norte-americana deveria ser, eles acreditavam, converter a presente hegemonia norte-americana em um sistema mais durável. [...] Esse era o momento, esses jacksonianos acreditavam que os Estados Unidos poderiam e deveriam fazer sua aposta na verdadeira supremacia global. (Mead, 2001, p.307)

Portanto, dadas as semelhanças com o que vimos até agora, chega a ser surpreendente o fato de Mead, em nenhum momento, associar explicitamente os neoconservadores com os jacksonianos. O livro do qual as citações anteriores foram extraídas foi escrito antes dos ataques de 11 de setembro de 2001 e, portanto, antes do período que classificamos aqui como "ressurreição" do neoconservadorismo, quando este voltou a ganhar evidência. No epílogo do livro escrito após os atentados, Mead admite que esse evento teve uma "forte e imediata resposta jacksoniana" (Mead, 2001, p.335). Novamente, não existe aí nenhuma menção direta ao neoconservadorismo. Em outro livro, de 2004, Mead volta um pouco mais as atenções a esse pensamento, mas classificando-o sob a categoria de *"revival wilsonians"*, como já vimos anteriormente. Do nosso ponto de vista, acreditamos serem dois os motivos principais que explicariam a escolha de Mead em associar os neoconservadores com os *wilsonianos* e não com os *jacksonianos*. O primeiro deles é que, em algumas passagens, o autor não deixa claro se considera de fato o jacksonianismo uma escola no mesmo nível das outras três. Em determinado momento, Mead afirma:

> A filosofia política dos jacksonianos é frequentemente *mais um instinto do que uma ideologia*, uma perspectiva moldada culturalmente que o indivíduo pode não ter trabalhado por completo intelectualmente, *um conjunto de crenças e emoções, mais do que um conjunto de ideias.* (Mead, 2001, p.244, grifo nosso)

Talvez por isso, ao comparar, adiante, a política externa dos Estados Unidos ao final do governo de Bill Clinton com um carro, Mead coloca os wilsonianos e os hamiltonianos no banco da frente, "brigando pela direção", e os jeffersonianos sozinhos no banco de trás, reclamando "que o carro ia muito rápido e pegando desvios errados" (Mead, 2001, p.304). Para Mead, "as três escolas estavam tão ocupadas lutando" que não teriam notado o "motor" – os jacksonianos (Mead, 2001). Portanto, aparentemente Mead considera o jacksonianismo mais como um espectro presente de forma difusa na sociedade norte-americana, o qual as outras escolas devem ter em consideração para levar a cabo suas políticas, do que uma escola de política externa estruturada. Assim, a partir desse ponto de vista, nenhum grupo político poderia ser classificado cabalmente como jacksoniano, mas, sim, poderiam ser identificados um "impulso", um "instinto" ou uma "resposta" jacksoniana a determinados eventos.[11]

A segunda explicação que podemos identificar para o fato de Mead não identificar os neoconservadores com os jacksonianos, mas com os wilsonianos, é o agrupamento que o autor faz das quatro escolas em dois campos distintos – os "globalistas" e os "nacionalistas". Mead classifica os jacksonianos como "nacionalistas", assim como seriam os jeffersonianos, e opostos aos hamiltonianos e wilsonianos, que seriam "globalistas". Desse modo, dado o caráter claramente "globalista" associado aos neoconservadores, conforme vimos até aqui, fica clara a dificuldade em inserir o neoconservadorismo no campo "nacionalista", pois estes assumem que o interesse nacional dos Estados Unidos seria, de acordo com o autor, "mais bem servido pela perseguição de projetos menos ambiciosos e de menor alcance do que as resplandecentes visões globalistas de uma nova ordem mundial" (Mead, 2001, p.268). No entanto, visto que Mead não hesita em criar uma nova categoria de wilsonianismo no esforço de encaixar os neoconservadores, acreditamos que o autor poderia, da mesma forma, ter criado uma nova categoria de jacksonianos, algo como os "jacksonianos internacionalistas", que talvez descrevesse melhor o neoconservadorismo.

---

[11] É relevante observar que o próprio neoconservadorismo é frequentemente tratado nesses termos, ou seja, não como uma escola de pensamento com políticas específicas a oferecer, mas como um "instinto", um "impulso", ou ainda um "temperamento". Como visto na Introdução deste livro, o próprio Kristol (1983) aceita o termo "impulso". Para Wilson, "o neoconservadorismo é um temperamento, não uma ideologia" (ver Wilson, 1980 p.509). Murray caracteriza o neoconservadorismo como um "instinto" ou uma "tendência" (termo também utilizado por outros analistas, conforme visto na Introdução deste livro) (ver Murray, 2006). Nas considerações finais do livro, faremos algumas observações sobre esse ponto.

CONSIDERAÇÕES FINAIS

A tentativa de caracterizar um tipo específico de pensamento político é empreendimento que deve ser conduzido com razoável prudência, a fim de se detectar um núcleo no qual seus participantes estejam de acordo e procurar evitar ao máximo imprecisões ou particularidades que se afastem muito desse núcleo. Isso é especialmente relevante quando o assunto tratado ainda não encontra discussões mais profundas no meio acadêmico, como é o caso do neoconservadorismo. Tal imaturidade da discussão deve-se, do nosso ponto de vista, a três fatores principais.

O primeiro deles é que o neoconservadorismo é um fenômeno relativamente novo. Nascido por volta da década de 1970, só ganharia algum destaque a partir dos anos 1980, com o governo Reagan. Além disso, conforme apontado neste trabalho, foi dado como morto durante a década de 1990, atraindo pouca atenção e sendo considerado uma corrente sem grande relevância no cenário político norte-americano. Apenas a partir de 2001 é que seria comprovado que o neoconservadorismo não estava morto, mas apenas em estado de hibernação, ganhando grande destaque nos meios de comunicação e no debate acadêmico, sendo apontado como a principal influência na política externa do governo de George W. Bush.

O segundo fator deve-se a que, conforme observado por Kristol, "o neoconservadorismo é uma corrente de pensamento que emerge de fora do mundo acadêmico-intelectual" (Kristol, 1983, p.75). Disso deriva que os escritos neoconservadores dificilmente são encontrados na forma de livros complexamente elaborados ou em periódicos científicos, mas em artigos de jornais e em revistas de circulação geral. Muitos dos livros utilizados neste livro, incluindo os dois de Irving Kristol, são na verdade coletâneas de artigos. Por isso a linguagem é normalmente menos formal do que a encontrada em peças mais acadêmicas, o que tende a atingir um público maior – daí por que alguns neoconservadores preferem caracterizar esse pensamento como "persuasão". Nesse sentido, o presente trabalho procurou condensar e organizar de forma inédita aquilo que até então se encontrava disperso em uma série de escritos, a fim de oferecer uma descrição do pensamento neoconservador. Evidentemente, a forma como foi aqui apresentado embute a leitura pessoal deste autor, sendo possível apresentar o mesmo tema de outras formas.

Finalmente, um terceiro elemento que muitas vezes impede a análise acadêmica do pensamento neoconservador é o fato de que ele é alvo de inúmeras polêmicas, dadas as suas características particulares. Assim, o neoconservadorismo é alvo de críticas tanto da direita como da esquerda, tanto por parte de realistas como de liberais, bem como por parte dos analistas internacionais. De modo geral, críticos à direita (norte-americana) incomodam-se com a condescendência do neoconservadorismo com um Estado mais ativo e com o excessivo internacionalismo de sua política externa. Os críticos à esquerda (norte-americana) normalmente não toleram seu discurso moralizante, com frequentes referências religiosas. Os realistas criticam sua alegada falta de visão sistêmica do ambiente internacional e a ênfase excessiva na promoção da democracia como instrumento de manutenção da paz mundial, ao passo que os liberais recriminam principalmente seu pouco caso com as instituições internacionais. Analistas externos aos Estados Unidos, de modo geral, encontram dificuldade em aceitar seu caráter "internacional nacionalista" e sua defesa de ações unilaterais. Disso decorre que, muitas vezes, o debate é travado de forma pouco imparcial, com os defensores do neoconservadorismo de um lado e seus críticos de outro, restando pouco espaço para uma análise que ambicione algum grau possível de neutralidade, que foi a opção deste autor.

Um dos problemas colocados aqui, desde a Introdução, é como caracterizar o pensamento neoconservador. Conforme apontado, existem desde aqueles que o consideram um "instinto" (Murray, 2006) ou "temperamento" (Wilson, 1980) até os que o classificam como "teoria" (Mearsheimer, 2005; Williams, 2005). Afirmamos que, do ponto de vista deste livro, o termo "teoria" não seria adequado. No entanto, consideramos que, se é verdade que o neoconservadorismo possa ter nascido como um "impulso" ou uma "persuasão", a partir de um "instinto" ou "temperamento", também é verdade que foi elaborando-se a partir disso até constituir-se como um conjunto de ideias com visão específica acerca da condução política externa norte-americana. O Capítulo 2 procurou enfocar o aspecto do que seria o "impulso" ou o "instinto" neoconservador, ao passo que o Capítulo 3 buscou demonstrar a existência de um conjunto de ideias distintivo desse pensamento. Isso fica especialmente evidente a partir do período que classificamos como "ressurreição" do pensamento neoconservador, que demonstrou que, ao contrário do apregoado durante o período anterior, o neoconservadorismo não estava absorvido em uma forma mais geral no conservadorismo norte-americano, tampouco havia sido um fenômeno passageiro. Sobre isso, o próprio Kristol admite:

> Há poucos anos eu disse (e, ai de mim, escrevi) que o neoconservadorismo havia perdido sua qualidade distintiva dos seus primeiros anos, e que estaria absorvido na corrente principal do conservadorismo norte-americano. Eu estava errado. (Kristol, 2004a, p.33)

Na verdade, como demonstram os escritos da época, o neoconservadorismo nunca esteve "morto", articulando durante esse período uma visão de política externa particular, distinta de outras posições, no debate sobre qual papel os Estados Unidos deveriam assumir com o fim do sistema bipolar – algo como uma "hegemonia global benevolente", um engenho neoconservador por excelência.[1] Portanto, os neoconservadores da Guerra Fria não se tornaram conservadores no pós-Guerra Fria, mas mantiveram e adaptaram à nova situação uma visão que já vinha sendo construída anteriormente. A permanência e a força de seus argumentos ficaram evidentes na medida em que muitas análises apontariam o neoconservadorismo como a principal influência na política externa dos Estados Unidos logo após os eventos de 11 de setembro de 2001.

Assim, ainda que tenhamos optado pelo uso de termos mais abrangentes como "pensamento" ou "ideia", consideramos que o neoconservadorismo pode ser considerado uma "doutrina", conforme a definição de Prélot (1964) para o termo, ou, ainda, uma "ideologia", da mesma forma como é considerado o conservadorismo para Nisbet (1987), que define ideologia como:

> [...] qualquer conjunto de ideias morais, econômicas, sociais e culturais razoavelmente coerente, que possui uma relação sólida e óbvia com a política e o poder político; mais especificamente, é uma base de poder para possibilitar o triunfo do conjunto de ideias. Uma ideologia, em contraste com uma simples e passageira configuração de opiniões, permanece viva por um tempo considerável, tem defensores e porta-vozes influentes e um respeitável grau de institucionalização. (Nisbet, 1987, p.9)

Quanto à definição de doutrina, Prélot considera que, ao contrário da teoria, que "corresponde ao conjunto de fatos não somente constatados e

---

[1] A alcunha "hegemonia global benevolente" compete a Kagan e Kristol. No entanto, a ideia contida nesse conceito não é contestada por nenhum neoconservador de destaque, possuindo variações que vão desde a "manutenção da unipolaridade por tempo indefinido", conforme defende Krauthammer, até o "imperialismo liberal" de Boot. Além disso, todos destacam o papel "benevolente" dos Estados Unidos nas suas ações externas.

ordenados, como também explicados e organizados [...] controlados em seguida pela experiência" (Prélot, 1964, p.66), a doutrina:

> [...] considera também os fenômenos, mas os aprecia, os aceita ou os recusa em função de um ideal imanente ou transcendente em relação ao Estado. As doutrinas julgam os fatos e indicam os caminhos a seguir para assegurar a felicidade dos cidadãos, ou o poder do Estado. Referem-se ao melhor, ao mais nobre, ao mais moral, ao mais justo, ao mais forte. (Prélot, 1964)

Além de alocar o neoconservadorismo sob a mesma classificação do conservadorismo, apontamos neste livro que, assim como o segundo, o primeiro nasce a partir de uma reação a eventos externos específicos: no plano doméstico, como reação ao movimento de contracultura, e, no plano internacional, como reação a uma alegada "indiferença" de alguns setores políticos dos Estados Unidos em relação ao comunismo durante a Guerra Fria. Disso decorre que a primeira batalha intelectual travada pelos neoconservadores na política externa foi em defesa de um enfrentamento ativo em relação à União Soviética e à expansão do comunismo, o que logo de saída os contrapunha aos defensores da política de "coexistência" ou "distensão". Kristol, por exemplo, entendia que os Estados Unidos deveriam levar a cabo uma política externa que infligisse "uma série de derrotas, mesmo que pequenas, nos soviéticos" (Kristol, 1985b).

É importante observar que evitamos deliberadamente fazer quaisquer conexões imediatas entre a ideia política e a ação política. Deixamos claro desde o começo que nos ateríamos apenas ao plano das ideias, ao estrato "pré-político", de modo que o plano da ação efetiva não seria objeto de nossa consideração. A razão disso é que é no mínimo controversa a tentativa de determinar com precisão a relação entre a prática política real e um conjunto de ideias em particular. Acerca dessa dificuldade, Nisbet observa, de forma perspicaz:

> Tentar encontrar as origens da ideologia nas decisões e nas ações até mesmo do mais ilustre dos políticos origina na maior parte das vezes confusão. Não que as ideologias sejam imutáveis e impenetráveis aos golpes dos homens e dos acontecimentos. Mas nenhum político vive apenas de ideologia; todos eles são maiores e mais pequenos [sic] do que as ideologias que representam. Tal como Anteu, os políticos têm de descer, de vez em quando, até o solo ideológico; mas nunca devemos subestimar as tentações do poder ou o desejo de encabeçar a oposição e, de tempos a tempos, o impulso de vingança. (Nisbet, 1987, p.10-1)

Por essa razão, em nenhum momento abandonamos a descrição das ideias neoconservadoras para tentar identificar o que seriam "ações" neoconservadoras. Assim, este livro procurou evitar aproximar-se de análises que entendem que a política externa norte-americana teria sido tomada de assalto por uma "conspiração neoconservadora" após os atentados de 11 de setembro de 2001. O que se demonstrou aqui é que o neoconservadorismo é mais um dentre os diversos conjuntos de ideias concorrentes na sociedade norte-americana nos quais os políticos podem buscar inspiração ou justificativa para suas ações. Se algumas das ideias defendidas pelos neoconservadores foram colocadas em prática ou tiveram influência nas decisões políticas, isso apenas demonstra que elas têm alguma ressonância na sociedade norte-americana.

A existência e a permanência do neoconservadorismo no debate sobre a política externa norte-americana são justificadas, assim, não apenas pelo que ele é, mas também pelo que não é, ou seja, como ele se apresenta como um conjunto de ideias distinto daquele já estabelecido. Ao longo deste livro, especialmente no Capítulo 4, procuramos deixar claro como o neoconservadorismo se afasta de outros conjuntos de ideias presentes nesse debate, como o isolacionismo, o realismo e o internacionalismo liberal, surgindo e afirmando-se como um pensamento alternativo a eles. Um elemento importante para essa diferenciação é a ideia de interesse nacional. Do ponto de vista neoconservador, uma postura isolacionista contrariaria frontalmente tal interesse, ao passo que o conceito de interesse nacional, da forma como definido pelo realismo, é considerado excessivamente estreito e amoral. Por outro lado, a crítica neoconservadora ao internacionalismo liberal passa pela avaliação de que este não enfatiza de forma inequívoca a conexão entre uma postura internacionalista e o interesse nacional dos Estados Unidos na construção de uma ordem mundial favorável a seus interesses. Uma evidência da afirmação do neoconservadorismo no debate norte-americano é a criação, em 2003, de uma organização voltada especificamente a combater seus argumentos: a Coalition for a Realistic Foreign Policy (Coalizão para uma política externa realista), que reúne diversos estudiosos em política externa norte-americana e pretende oferecer "uma resposta formal a proeminentes *think tanks* e publicações que defendem abertamente uma política externa norte-americana ativa na qual os Estados Unidos usariam sua predominância econômica e militar para promover mudanças no exterior".[2]

Este livro procurou identificar temas que são distintivos do pensamento neoconservador e que possuem algum grau de continuidade ao longo do tempo. Caso tal tarefa se revelasse impossível, poderíamos concluir que o neoconservadorismo não seria um conjunto organizado de ideias, mas, para usar as palavras de Nisbet (1987), "uma simples e passageira configuração de opiniões". No entanto, o Capítulo 2 procurou demonstrar que

---

[2] Disponível em: <http://www.realisticforeignpolicy.org/static/000024.php>. Acesso em: 26 out. 2006.

existe um pano de fundo distintivo que constitui uma filosofia política do neoconservadorismo, que, por sua vez, é refletida nos temas apresentados no Capítulo 3. Procuramos demonstrar que tais temas, de fato, constituem uma continuidade desde as primeiras manifestações do pensamento neoconservador em política externa, mas que também são evidentemente influenciados pelo contexto histórico apresentado no Capítulo 1. Assim, não se descartou aqui a possibilidade de haver debates abundantes dentro do neoconservadorismo,[3] mas fica clara a existência de determinada linha que permanece ao longo do tempo, ditada por seus mais destacados defensores e porta-vozes. A identificação dessa linha de continuidade foi de fundamental importância para a elaboração deste livro. Não houvesse essa linha, seria perfeitamente possível, por parte de alguns participantes descontentes, rediscutir e reelaborar alguns de seus preceitos fundamentais dentro do próprio pensamento neoconservador. No entanto, quando os preceitos fundamentais de um pensamento político já estão cristalizados, aqueles que outrora compartilhavam daqueles, mas resolvem agora contestá-los, não têm força para se tornarem reformuladores e, consequentemente, é criada a figura do dissidente. Ou seja, o pensamento segue seu rumo, e o indivíduo, tendo descoberto por alguma razão de ordem pessoal ou intelectual que não mais se identifica com ele, parte em busca de outra identificação ideológica.

Um evento em particular demonstra a força dessa linha de continuidade presente no pensamento neoconservador que se sobrepõe às opiniões de indivíduos, por mais representativos que sejam: a deserção de uma de suas mais proeminentes personalidades, Francis Fukuyama. Fukuyama, que se autodenominava neoconservador, era membro daquele que é considerado o mais importante *think tank* representativo desse pensamento, o Project for the New American Century (PNAC). Essa organização enviou uma carta ao então presidente Bill Clinton, em 1998, defendendo que os Estados Unidos deveriam adotar uma "nova estratégia" em relação ao Oriente Médio, cuja principal iniciativa deveria ser a "remoção do regime de Saddam Hussein do poder" no Iraque.[4] Tal iniciativa era perfeitamente consistente com os preceitos neoconservadores e era apoiada pela maior parte de seus participantes. Poucos dias após os atentados de 11 de setembro de 2001, o PNAC patrocinaria a redação de uma nova carta, ao agora presidente George W. Bush, afirmando que, "mesmo que as evidências não liguem o Iraque dire-

---

[3] Um evento emblemático de debate entre os neoconservadores é a Guerra do Kosovo, em 1999. Muitos, como Kagan e Kristol, favoreciam a intervenção, ao passo que outros, como Krauthammer, eram contrários. Para Krauthammer, isso teria causado uma divisão entre os neoconservadores em dois campos: os "globalistas democráticos", de caráter mais universalista, e os "realistas democráticos", com critérios mais diretamente relacionados ao interesse nacional (ver Capítulo 3).

[4] A carta está disponível em: <http://www.newamericancentury.org/iraqclintonletter.htm>. Acesso em: 26 out. 2006.

tamente ao ataque, qualquer estratégia que objetive a erradicação do terrorismo deve incluir um esforço determinado em remover Saddam Hussein do poder no Iraque".[5] Ambas as cartas são assinadas por Fukuyama, junto com diversos neoconservadores de destaque. No entanto, a partir do momento em que, de fato, os Estados Unidos iniciaram a remoção de Saddam Hussein do poder, Fukuyama tornou-se cada vez mais crítico das ações norte-americanas, bem como do pensamento neoconservador. A partir de 2004, Fukuyama travaria um intenso debate com Charles Krauthammer, iniciado com uma apreciação do primeiro à proposição pelo segundo do "realismo democrático". Em um artigo crítico a Krauthammer, Fukuyama também se mostrava crítico em relação ao neoconservadorismo, mas adotava um tom que deixava implícita sua tentativa de reformulá-lo. Após propor de forma genérica uma política externa que se basearia em um exercício "prudente" do poder norte-americano, valorizando mais o papel das instituições internacionais e dos aliados, especialmente os europeus, Fukuyama afirma: "Se tal política será vista como neoconservadora, eu duvido, mas *não existe razão para que ela não tenha esse nome*" (Fukuyama, 2004, grifo nosso). Ao longo do tempo, entretanto, Fukuyama foi afastando-se de vez do neoconservadorismo, seja pela disputa pessoal com Krauthammer, seja pela relação feita pelo autor entre o neoconservadorismo e o governo Bush. Em 2006, Fukuyama já não se sentia mais à vontade sob o rótulo de neoconservador e declararia definitivamente sua abdicação, pois, de acordo com o autor, "quaisquer que sejam suas complexas origens, hoje o neoconservadorismo passou a ser inevitavelmente ligado a conceitos como mudança de regime, hegemonia benevolente, unipolaridade e preempção" (Fukuyama, 2006). Ora, tal como apresentado neste livro, tais conceitos arrolados pelo autor são consequência da evolução do pensamento neoconservador e já estavam absorvidos nele muito antes de sua decisão de abandoná-lo. Assim, Fukuyama pretende elaborar uma nova abordagem em política externa (que o autor denomina "wilsonianismo realista"), a partir de uma desilusão com o neoconservadorismo,[6] da mesma forma que os primeiros neoconservadores surgiram a partir de uma desilusão com o liberalismo. Nesse sentido, se Irving Kristol definia um neoconservador como "um liberal que caiu na real", Fukuyama poderia devolver a provocação e autointitular-se "um neoconservador que caiu na real".

Finalmente, cabe o questionamento se o neoconservadorismo pode ser entendido como um fenômeno distintamente norte-americano. Conforme observado no Capítulo 1, os analistas apontam que desde muito cedo os

---

[5] Carta disponível em: <http://www.newamericancentury.org/Bushletter-040302.htm>. Acesso em: 26 out. 2006.
[6] Para comentários de Fukuyama sobre seu afastamento em relação ao neoconservadorismo e a articulação de sua abordagem em política externa, ver: Fukuyama, 2006.

Estados Unidos desenvolveram duas tradições em política externa, ambas compreendendo a democracia como uma questão central na manutenção da ordem internacional pacífica, o que representava uma novidade em relação à consagrada abordagem europeia baseada em conceitos como o equilíbrio de poder. A primeira tradição, classificada por alguns autores como "isolacionista" (Kissinger, 1994) ou "exemplarista" (Brands, 1998) vê os Estados Unidos como um "farol" (Kissinger, 1994) ou como "experiência" (Schlesinger, 1992) a ser seguida pelas demais nações. A partir desse ponto de vista, a Revolução Americana representaria o sucesso de uma experiência nacional: a constituição de uma república democrática permanente. Os Estados Unidos seriam então a "terra prometida" (McDougall, 1997), cumprindo à sua política externa o papel de atrair o restante do mundo para o exemplo norte-americano. Outra tradição, associada ao que seria o aspecto "missionário" (Kissinger, 1994) ou, além, "messiânico" (Schlesinger, 1992) dos Estados Unidos, entende que, mais do que um exemplo para o restante do mundo, o país representaria a "consagração de um destino nacional" (Schlesinger, 1992), o que imporia uma obrigação moral de estabelecer uma espécie de "cruzada" global (Kissinger, 1994; McDougall, 1997) a fim de exportar seus valores para outras nações.

Ora, de acordo com o que foi apresentado nesta obra, pretendemos ter deixado evidente que o neoconservadorismo bebe da segunda fonte, enfatizando o aspecto dos Estados Unidos como "cruzado" e adicionando à obrigação moral da exportação desses valores um imperativo estratégico – a manutenção de uma ordem mundial compatível com seus interesses. Portanto, ainda que algumas análises apontem para as "raízes britânicas" (Gove, 2004) do neoconservadorismo, entendemos, assim como Kristol, que esse pensamento tem um caráter "distintamente norte-americano" e que "não há nada como o neoconservadorismo na Europa" (Kristol, 2004, p.33-4). No entanto, fica em aberto, para pesquisas futuras, a questão sobre em que medida o neoconservadorismo, com suas particularidades acerca de como os Estados Unidos devem empreender esse papel, representa ou não uma novidade dentro das tradições da política externa norte-americana.

REFERÊNCIAS BIBLIOGRÁFICAS

ABRAMS, Elliot. Israel and the "Peace Process". In: KAGAN, Robert; KRISTOL, William (orgs.). *Present Dangers:* Crisis and Opportunity in American Foreign and Defense Policy. San Francisco: Encounter Books, 2000, p.221-40.

ANGELL, Norman. *A grande ilusão.* Brasília; São Paulo: EDUNB, IPRI, IOESP, 2002.

ATLAS, James. Classicist's Legacy: New Empire Builders. *New York Times,* Nova York, 4 maio 2003.

ARON, Raymond. O que é uma teoria das relações internacionais? In: *Estudos políticos.* Trad. Sergio Bath. Brasília: UnB, 1980.

BENNETT, William J. Morality, Character and American Foreign Policy. In: KAGAN, Robert; KRISTOL, William (orgs.). *Present Dangers:* Crisis and Opportunity in American Foreign and Defense Policy. San Francisco: Encounter Books, 2000, p.289-305.

BERLIN, Isaiah. *A força das ideias.* São Paulo: Cia das Letras, 2005.

BLITZ, Mark. Leo Strauss the Straussians and American Foreign Policy. *Opendemocracy Ltd.* 13 nov. 2003. Disponível em: <http://www.opendemocracy.net/democracy-americanpower/article_1577.jsp>. Acesso em: 12 maio 2006.

BOOT, Max. The Case for American Empire. *The Weekly Standard,* Washington, DC: News America Incorporated, v.7, n.5, 15 out. 2001.

_____. Neither New nor Nefarious: the Liberal Empire Strikes Back. *Current History,* Nova York: Current History Inc., v.102, n.667, nov. 2003a.

_____. Washington Needs a Colonial Office. *Financial Times,* Londres, 3 jul. 2003b.

_____. Myths About Neoconservatism. In: STELZER, Irwin (org.). *The Neocon Reader.* Nova York: Grove Press, 2004.

BRANDS, H.W. *What America Owes the World: The Struggle for the Soul of Foreign Policy.* Cambridge: Cambridge University Press, 1998.

BROOKS, David. The Era of Distortion. *The New York Times,* Nova York, 6 jan. 2004, p.23.

BROWN, Michael E. et al. *Theories of War and Peace.* Cambridge, MA: The MIT Press, 2000.

CAESAR, James W. The Great Divide: American Internationalism and its Opponents. In: KAGAN, Robert; KRISTOL, William (orgs.). *Present Dangers: Crisis and Opportunity in American Foreign and Defense Policy*. San Francisco: Encounter Books, 2000, p.25-43.

CARR, E.H. *Vinte anos de crise:* 1919-1939. Brasília; São Paulo: EDUNB, IPRI, IOESP, 2001.

COHEN, Elliot A. World War IV – Let's Call this Conflict What it Is. *Opinion Journal*, Nova York: Dow Jones & Company, Inc., 20 nov. 2001.

DAALDER, Ivo H.; LINDSAY, James M.; STEINBERG, James B. *The Bush National Security Strategy:* An Evaluation. Washington: The Brookings Institution, 2002. Disponível em: <http://www.brookings.edu/printme.wbs?page=/comm/policybriefs/pb109.htm>. Acesso em: 18 abr. 2006.

DAALDER, Ivo H.; LINDSAY, James M. *America Unbound:* The Bush Revolution in Foreign Policy. Washington, DC: Brookings Institution Press, 2003.

DONNELLY, Thomas. The Underpinnings of Bush Doctrine. *American Enterprise Institute*. Washington, 1 fev. 2003. Disponível em: <http://www.aei.org/publications/pubID.15845/pub_detail.asp>. Acesso em: 10 mar. 2006.

DORRIEN, Gary. Axis of One. *The Christian Century,* Chicago: [s.n.], v.120, n.5, 8 mar. 2003.

_____. Imperial Designs: Theological Ethics and the Ideologies of International Politics. *Cross Currents*, Nova York: ARIL, v.54, n.2, verão 2004.

DOYLE, Michael W. Liberalism and World Politics. *American Political Science Review*, Washington, DC: APSA, v.80, n.4, dez. 1986.

DRURY, Shadia. *Leo Strauss and the American Right*. Nova York: Palgrave MacMillan, 1999.

EBERSTADT, Nicholas. North Korea: Beyond Appeasement. In: KAGAN, Robert; KRISTOL, William (orgs.). *Present Dangers:* Crisis and Opportunity in American Foreign and Defense Policy. San Francisco: Encounter Books, 2000, p.145-75.

FRIEDBERG, Aaron L. Asian Allies: True Strategic Partners. In: KAGAN, Robert; KRISTOL, William (orgs.). *Present Dangers:* Crisis and Opportunity in American Foreign and Defense Policy. San Francisco: Encounter Books, 2000, p.197-219.

FRUM, David; PERLE, Richard. UN Should Change, or US Should Quit. *Los Angeles Times*, Los Angeles, 23 jan. 2004, p.B13.

FUKUYAMA, Francis. The Neoconservative Moment. *The National Interest*, New York: The Nixon Center, 1 jun. 2004.

_____. After Neoconservatism. *The New York Times*, Nova York, 19 fev. 2006.

FUKUYAMA, Francis. *O dilema americano*. São Paulo: Rocco, 2006.

GADDIS, John Lewis. *Surprise, Security, and the American Experience*. Cambridge, MA: Harvard University Press, 2004.

GEDMIN, Jeffrey. Europe and NATO: Saving the Alliance. In: KAGAN, Robert; KRISTOL, William (orgs.). *Present Dangers:* Crisis and Opportunity in American Foreign and Defense Policy. San Francisco: Encounter Books, 2000, p.179-96.

GERECHT, Reuel Marc. Iran: Fundamentalism and Reform. In: KAGAN, Robert; KRISTOL, William (orgs.). *Present Dangers*: Crisis and Opportunity in American Foreign and Defense Policy. San Francisco: Encounter Books, 2000, p.111-44.

GLAZER, Nathan. Neoconservative from the Start. *The Public Interest*, Washington, DC: [s.n.], n.159, primavera 2005.

GOLDBERG, John. The Neoconservative Invention. *National Review Online*. 20 maio 2003. Disponível em: <http://www.nationalreview.com/goldberg/goldberg052003.asp>. Acesso em: 26 fev. 2006.

GOVE, Michael. The Very British Roots of Neoconservatism and its Lessons for British Conservatives. In: STELZER, Irwin (org.). *The Neocon Reader*. Nova York: Grove Press, 2004, p.271-88.

GUELKE, John. The Political Morality of the Neoconservatives: An Analysis. *International Politics*. Londres: Palgrave Macmillan, n.42, 2005, p.97-115.

HAAS, Ernst B.; WHITING, Allen S. *Dynamics of International Relations*. Nova York: McGraw-Hill, 1956.

HALPER, Stefan. Neoconservatism is Not Reaganism. *The American Spectator*, Arlington: Eagle Publishing, v.37, n.3, abr. 2004, p.20-4.

HARTZ, Louis. *The Liberal Tradition in America:* An Interpretation of American Political Thought Since the Revolution. Nova York: HBJ Books, 1955.

HUNTINGTON, Samuel. A superpotência solitária. *Foreign affairs – edição brasileira. Gazeta Mercantil*, São Paulo, 12 mar. 1999.

_____. Robust Nationalism. *The National Interest*. Nova York: The Nixon Center, n.58, inverno 1999/2000, p.31-40.

IKENBERRY, John G. Why Export Democracy?: the "Hidden Grand Strategy" of American Foreign Policy. *The Wilson Quarterly*, Washington, DC: Woodrow Wilson Center, v.23, n.2, primavera 1999.

IKENBERRY, John G. America's Liberal Grand Strategy: Democracy and National Security in the Post-War Era. In: IKENBERRY, G. John (org.). *American Foreign Policy – Theoretical Essays*. Nova York: Longman, 2002.

JUDIS, John B. Trotskyism to Anachronism: the Neoconservative Revolution. *Foreign Affairs*, Nova York: Council on Foreign Relations, v.74, n.4, p.123-29, jul. 1995.

KAGAN, Donald. Strenght and Will: a Historical Perspective. In: KAGAN, Robert; KRISTOL, William (orgs.). *Present Dangers:* Crisis and Opportunity in American Foreign and Defense Policy. San Francisco: Encounter Books, 2000, p.337-62.

KAGAN, Frederick W. The Decline of America's Armed Forces. In: KAGAN, Robert; KRISTOL, William (orgs.). *Present Dangers:* Crisis and Opportunity in American Foreign and Defense Policy. San Francisco: Encounter Books, 2000, p.241-65.

KAGAN, Robert. The Benevolent Empire. *Foreign Policy*, Washington, DC: Carnegie Endowment for International Peace, n.111, verão 1998, p.24-35.

_____. History Repeating Itself: Liberalism and Foreign Policy. *New Criterion*, Nova York: [s.n.], 4 abr. 1999.

_____. One Year After: A Grand Strategy for the West? *Survival*, Nova York: Columbia University Press, v.44, n.4, 1 nov. 2002, p.135-9.

_____. *Do paraíso e do poder:* os Estados Unidos e a Europa na nova ordem mundial. Rio de Janeiro: Rocco, 2003.

KAGAN, Robert; KRISTOL, William. Toward a Neo-Reaganite Foreign Policy. *Foreign Affairs*, Nova York: Council on Foreign Relations, v.5, n.4, jul./ago. 1996, p.18-32.

_____. *Present Dangers:* Crisis and Opportunity in American Foreign and Defense Policy. San Francisco: Encounter Books, 2000.

KAPLAN, Lawrence. Springtime for Realism. *The New Republic*, Washington, DC: [s.n.], 21 jun. 2004.

KENNEDY, Paul. The Greatest Superpower Ever. *New Perspectives Quarterly*, Boston: Blackwell Publishing, v.19, n.2, primavera 2002.

KIRK, Russel. *The Conservative Mind:* From Burke to Santayana. Chicago: Henry Regnery Publishing, 1953.

KIRKPATRICK, Jeane. Neoconservatism as a Response to Counterculture. In: STELZER, Irwin (org.). *The Neocon Reader*. Nova York: Grove Press, 2004, p.233-40.

KISSINGER, Henry. *Diplomacy*. Nova York: Touchstone, 1994.

_____. Between the Old Left and the New Right. *Foreign Affairs*, Nova York: Council on Foreign Relations, v.78, n.3, maio/jun. 1999a.

_____. *Years of Renewal*. Nova York: Touchstone, 1999b.

_____. *Does America Need a Foreign Policy?* Nova York: Touchstone, 2001.

_____. Preemption and the end of Westphalia. *New Perspectives Quartely*, Boston: Blackwell Publishing, v.19, n.4, outono 2002.

KOSTERLITZ, Julie. The neoconservative moment. *National Journal*, Washington, DC: National Journal Group Inc., v.35, n.20, 17 maio 2003, p.1540-6.

KRAUTHAMMER, Charles. Let it Sink: Why the U.S. Should Bail Out of the U.N. *The New Republic*, 24 ago. 1987, p.18-23

_____. The Conservative Crackup. *The Washington Post*, Washington DC, 22 set. 1989, p.A27.

_____. The Unipolar Moment. *The Washington Post*, Washington DC, 20 jul. 1990, p.A19.

_____. The Unipolar Moment. *Foreign Affairs – America and the World*, Nova York: Council on Foreign Relations, v.70, n.1, 1990/1991, p.23-33.

_____. The Unipolar Moment Revisited. *The National Interest*, Nova York: The Nixon Center, 22 dez. 2002.

_____. A New Type of Realism. *The National Interest*, Nova York: The Nixon Center, inverno 2002/2003.

_____. Iraq: What Lies Ahead. Palestra no *American Enterprise Institute*. 22 abr. 2003. Disponível em: <http://www.aei.org/events/filter.,eventID.274/transcript.asp>. Acesso em: 10 maio 2006.

_____. *Democratic Realism: An American Foreign Policy for a Unipolar World*. Washington DC: The AEI Press, 2004.

_____. The Neoconservative Convergence. *Commentary*, Nova York: AJC, jul./ago. 2005.

KRISTOL, Irving. American Intellectuals and Foreign Policy. *Foreign Affairs*, Nova York: Council on Foreign Relations, n.45, jul. 1967, p.594-609.

_____. *Refletions of a Neoconservative*. Nova York: Basic Books, 1983.

_____. The Old World Needs a New Ideology. *Wall Street Journal*, Nova York, 1 abr. 1985a.

_____. Coping With an Evil Empire. *Wall Street Journal*, Nova York, 17 dez. 1985b.

_____. Global Unilateralism and Entangling Alliances. *Wall Street Journal*, Nova York, 3 fev. 1986.

_____. The Coming Conservative Century. *Wall Street Journal*, Nova York, 1 fev. 1993, p.A10.

_____. The New Face of American Politics. *Wall Street Journal*, Nova York, 26 ago. 1994, p.A10.

_____. *Neoconservatism: The Autobiography of an Idea*. Nova York: Free Press, 1995a.
_____. America's Exceptional Conservatism. *Wall Street Journal*, Nova York, 18 abr. 1995b, p.A20.
_____. A Post-wilsonian Foreign Policy. *Wall Street Journal*, Nova York, 2 ago. 1996, p.A14.
_____. The Emerging American Imperium. *Wall Street Journal*, Nova York, 18 ago. 1997, p.A29.
_____. The Neoconservative Persuasion. In: STELZER, Irwin (org.). *The Neocon Reader*. Nova York: Grove Press, 2004a, p.33-7.
_____. A Conservative Welfare State. In: STELZER, Irwin (org.). *The Neoconreader*. Nova York: Grove Press, 2004b, p.145-8.
_____. Forty Good Years. *The Public Interest*. Washington, DC: [s.n.], primavera 2005.
LAKE, D.A. *Entangling Relations:* America's Foreign Policy and its Century. Princeton: Princeton University Press, 1999.
LAYNE, Christopher. The Unipolar Illusion: Why New Great Powers Will Rise. *International Security*, Cambridge, MA: The MIT Press, v.17, n.4, primavera 1993, p.5-51.
_____. Kant or Cant: the Myth of the Democratic Peace. In: BROWN, Michael E. et al. *Theories of War and Peace*. Cambridge, Massachusetts: The MIT Press, 2000, p.176-220.
LEDEEN, Michael. A Republican Contract with the World. *The Weekly Standard*, Washington, DC: News America Incorporated, v.1, n.34, 13 maio 1996, p.24.
LEFFLER, Melvyn. Bush's Foreign Policy. *Foreign Policy*, Washington, DC: Carnegie Endowment for International Peace, n.144, set./out. 2004, p.22-27.
LENZNER, Steven; KRISTOL, William. What Was Leo Strauss Up To? *The Public Interest*, Washington, DC: [s.n.], n.153, outono 2003, p.19-39.
LIND, Michael. Immigrant Intellectuals and American Grand Strategy. *The Globalist*. 4 abr. 2003. Disponível em: <http://www.theglobalist.com/DBWeb/StoryId.aspx?StoryId=3066>. Acesso em: 15 ago. 2005.
_____. A Tragedy of Errors. *The Nation*, Nova York, 23 fev. 2004.
LOBE, Jim. The Strong Must Rule the Weak: A Philosopher for an Empire. *Foreign Policy in Focus*. 12 maio 2003. Disponível em: <http://www.fpif.org/commentary/2003/0305strauss_body.html>. Acesso em: 27 out. 2006.
LOWRY, Richard. Reaganism v. Neoreaganism. *The National Interest*, Nova York: The Nixon Center, n.79, primavera 2005.
MASTANDUNO, Michael. Preserving the Unipolar Moment: Realist Theories and U.S Grand Strategy After the Cold War. *International Security*, Cambridge, MA: The MIT Press, v.21, n.4, primavera 1997, p.49-88.
MCDOUGALL, Walter A. *Promised land, Crusader State:* The American Encounter with the World Since 1779. Nova York: Mariner Book, 1997.
MEAD, Walter Russell. *Special Providence: American Foreign Policy and How it Changed the World*. Nova York: Knopf, 2001.
_____. *Power, Terror, Peace and War:* America's Grand Strategy in a World at Risk. Nova York: Vintage Books, 2004.
MEARSHEIMER, John J. *The Tragedy of Great Power Politics*. Nova York: W.W. Norton & Company, 2005.

_____. Hans Morgenthau and the Iraq War: Realism Versus Neo-conservatism. *OpenDemocracy Ltd*. 21 abr. 2005. Disponível em: <http://www.opendemocracy. net/democracy-americanpower/morgenthau_2522.jsp#>. Acesso em: 25 set. 2006.

MILLS, C.Wright. *A elite do poder*. 2.ed. Rio de Janeiro: Zahar Editores, 1968.

MORGENTHAU, Hans. *A política entre as nações*. Brasília; São Paulo: EDUNB, IPRI, IOESP, 2003.

MUNRO, Ross H. China: The Challenge of a Rising Power. In: KAGAN, Robert; KRISTOL, William (orgs.). *Present Dangers:* Crisis and Opportunity in American Foreign and Defense Policy. San Francisco: Encounter Books, 2000, p.47-73.

MURAVCHIK, Joshua. The Neoconservative Cabal. In: STELZER, Irwin (org.). *The Neocon Reader*. Nova York: Grove Press, 2004, p.243-57.

NAU, Henry. No Enemies on the Right. *The National Interest*, Nova York: The Nixon Center, n.78, inverno 2004, p.19-28.

NISBET, Robert. *O conservadorismo*. Lisboa: Editorial Estampa, 1987.

OWEN, John M. How Liberalism Produces Democratic Peace. In: BROWN, Michael E. et al. *Theories of War and Peace*. Cambridge, Massachusetts: The MIT Press, 2000, p.137-75.

PAPPAS, Nickolas. *A República de Platão*. Trad. Abílio Queiroz. Col. Guias Filosóficos, v.1. Lisboa: Edições 70, 1996.

PERKINS, Dexter. *The American Approach to Foreign Policy*. Cambridge: Harvard University Press, 1952.

_____. *A Diplomacia de uma Nova Era*. Rio de Janeiro: Gráfica Record Editora, 1968.

PERLE, Richard. Iraq: Saddam Unbound. In: KAGAN, Robert; KRISTOL, William (orgs.). *Present Dangers:* Crisis and Opportunity in American Foreign and Defense Policy. San Francisco: Encounter Books, 2000, p.99-110.

_____. Is the UN the Only Institution that Can Legitimize Force? *New Perspectives Quarterly*, Boston: Blackwell Publishing, v.20, n.1, inverno 2003, p.69-70.

PFAFF, William. The Question of Hegemony. *Foreign Affairs*, Nova York: Council on Foreign Relations, v.80, n.1, jan./fev. 2001.

_____. The Long Reach of Leo Strauss. *International Herald Tribune*, Paris, 15 maio 2003.

PODHORETZ, Norman. Neoconservatism: A Eulogy. *Commentary*, Nova York: AJC, v.101, n.3, mar. 1996, p.19-27.

_____. How to Win World War IV. *Commentary*, Nova York: AJC, v.118, n.2, fev. 2002, p.17-54.

_____. World War IV: How it Started, What it Means, and Why we Have to Win. *Commentary*, Nova York: AJC, v.118, n.2, set. 2004.

_____. The War Against World War IV. *Commentary*, Nova York: AJC, vol. 119, n.12, fev. 2005, p.23-42.

POLNER, Murray; SIMMS, Adam. Israel & the Neocons. *Commonweal*, Nova York: Commonweal Foundation, v.CXXX, n.13, 18 jul. 2003, p.11-3.

POSTEL, Danny. Noble Lies and Perpetual War: Leo Strauss, the Neocons, and Iraq. *Opendemocracy Ltd*. 16 out. 2003. Disponível em: <http://www.opendemocracy. net/debates/article.jsp?id=5&debateId=107&articleId=1542>. Acesso em: 17 maio 2005.

PRÉLOT, Marcel. *A ciência política*. São Paulo: Difusão Europeia do Livro, 1964.

ROBIN, Corey. Grand Designs; How 9/11 Unified Conservatives in Pursuit of Empire. *The Washington Post*, Washington, DC, 2 maio 2004, p.B01.

RODMAN, Peter W. Russia: The Challenge of a Failing Power. In: KAGAN, Robert; KRISTOL, William (orgs.). *Present Dangers:* Crisis and Opportunity in American Foreign and Defense Policy. San Francisco: Encounter Books, 2000, p.75-97.
ROSE, Gideon. Present Laughter or Utopian Bliss? *The National Interest*, Nova York: The Nixon Center, n.58, inverno 1999/2000, p.41-7.
ROZEN, Laura. Con Tract: The Theory Behind Neocon Self-Deception. *Washington Monthly*, Washington DC: [s.n.], out. 2003.
RYN, Claes. The Ideology of American Empire. *Orbis*, Filadélfia: FPRI, v.47, n.3, verão 2003, p.383-97.
SCHLESINGER JR., Arthur M. *Os ciclos da história Americana*. Trad. Raul de Sá Barbosa e Múcio Bezerra. Rio de Janeiro: Civilização Brasileira, 1992.
SCHMITT, Carl. *O conceito do político*. Rio de Janeiro: Vozes, 1992, p.51.
SCHMITT, Gary J.; SCHULSKY, Abram N. Leo Strauss and the World of Intelligence (by Which We Do Not Mean *Nous*). In: DEUTSCH, Kenneth L.; MURLEY, John A. (eds.). *Leo Strauss, the Straussians, and the American Regime*. Nova York: Rowman & Littlefield, 1999, p.410.
SELDEN, Zachary. Neoconservatives and the American Mainstream. *Policy Review*, Stanford: Hoover Institution, n.104, abr./maio 2004, p.29-39.
SHALHOPE, Robert E. Toward a Republican Synthesis: The Emergence of an Understanding of Republicanism in American Historiography. *The William and Mary Quarterly*, Williamsburg, VA: Omohundro, v.29, n.1, jan. 1972, p.49-80.
SKINNER, Quentin. *As fundações do pensamento político moderno*. São Paulo: Cia. das Letras, 1996.
SMITH, Tony. National Security Liberalism and American Foreign Policy. In: IKENBERRY, G. John (org.). *American Foreign Policy – Theoretical Essays*. Nova York: Longman, 2002, p.258-74.
STELZER, Irwin (org.). *The Neocon Reader*. Nova York: Grove Press, 2004.
STEINBERG, Jeffrey. Profile: Leo Strauss, Fascist Godfather of the Neocons. *Executive Inteligence Review*, Leesburg, VA: LaRouche, v.30, n.11, 21 mar. 2003.
WALTZ, Kenneth. *Teoria das relações internacionais*. Lisboa: Gradiva, 2002.
WEINSTEIN, Kenneth H. Philosophic Roots, the Role of Leo Strauss, and the War in Iraq. IN: STELTZER, Irwin (org.). *The Neocon Reader*. Nova York: Grove Press, 2004, p.201-12.
WILLIAMS, Michael C. What is the National Interest? The Neoconservative Challenge in IR Theory. *European Journal of International Relations*, Londres: Sage, v.11, 2005, p.307-37.
WILSON, James Q. Neoconservatism: Pro and Con. *Partisan Review*, Boston University, v.47, n.4, 1980, p.509.
WINIK, Robert. The Neoconservative Reconstruction. *Foreign Policy*, Washington, DC: Carnegie Endowment for International Peace, n.73, inverno 1988/1989, p.135-152.
WOLF, Martin. Bush is all Big Stick and no Soft Speech. *Financial Times*, Londres, 23 dez. 2003.
WOLFOWITZ, Paul. Statesmanship in the New Century. In: KAGAN, Robert; KRISTOL, William (org.). *Present Dangers:* Crisis and Opportunity in American Foreign and Defense Policy. San Francisco: Encounter Books, 2000, p.111-44.
WOLFSON, Adam. Conservatives and Neoconservatives. In: STELZER, Irwin (org.). *The Neocon Reader*. Nova York: Grove Press, 2004, p.213-31.

OUTROS TÍTULOS DA COLEÇÃO ESTUDOS INTERNACIONAIS

Acordos comerciais internacionais: o Brasil nas negociações do setor de serviços financeiros
   Neusa Maria Pereira Bojikian

Brasil no mundo: ensaios de análise política e prospectiva
   Sebastião Carlos Velasco e Cruz

Conflitos internacionais em múltiplas dimensões, os
   Reginaldo Mattar Nasser (org.)

Controle civil sobre os militares: e política de defesa na Argentina, no Brasil, no Chile e no Uruguai
   Héctor Luis Saint-Pierre (org.)

De Clinton a Obama: políticas dos Estados Unidos para a América Latina
   Luis Fernando Ayerbe

Novas lideranças políticas e alternativas de governo na América do Sul
   Luis Fernando Ayerbe (org.)

Novas perspectivas sobre os conflitos internacionais
   Reginaldo Mattar Nasser (org.)

Petróleo e poder: o envolvimento militar dos Estados Unidos no Golfo Pérsico
   Igor Fuser

Sob o Signo de Atena: gênero na diplomacia e nas Forças Armadas
   Suzeley Kalil Mathias (org.)

Trajetórias: capitalismo neoliberal e reformas econômicas nos países da periferia
   Sebastião Carlos Velasco e Cruz

SOBRE O LIVRO

Formato: 16 x 23
Mancha: 26 x 48,6 paicas
Tipologia: StempelSchneidler 10,5/12,6
Papel: Off-set 75g/m² (miolo)
Supremo 250 g/m² (capa)
1ª edição: 2010

EQUIPE DE REALIZAÇÃO

Capa
Andrea Yanaguita

Edição de Texto
Sandra Brazil (copidesque)
Renata Siqueira Campos (preparação)
Marcos Soel Silveira Santos (revisão)

Editoração Eletrônica
Eduardo Seiji Seki

2023033004004